Collana della Società per la storia del servizio sociale - SOSTOSS

4

Rita Cutini

Promuovere la democrazia

Storia degli assistenti sociali nell'Italia del secondo dopoguerra (1944-1960)

viella

Prima edizione: marzo 2018
ISBN 978-88-6728-993-6

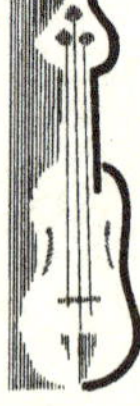

viella
libreria editrice
via delle Alpi, 32
I-00198 ROMA
tel. 06 84 17 758
fax 06 85 35 39 60
www.viella.it

Indice

ai miei genitori
Rebecca e Paolo

Guido Melis

Prefazione

Chi conosce bene Rita Cutini e ha presente la sua biografia sa quanto forte sia il suo legame con il servizio sociale. Assistente sociale, poi dottore di ricerca in educazione sanitaria. Insegna Storia e principi del servizio sociale presso la Lumsa ha insegnato per tanti anni nel corso di laurea in Servizio sociale della Facoltà di Scienze della formazione dell'Università Roma Tre. Dal 2008 è membro del Consiglio direttivo della Società di storia del servizio sociale e fa parte del comitato scientifico della «Rivista di Servizio sociale - Istisss» e della rivista «Esperienze sociali».

Di questo impegno non occasionale (Rita ha oggi 56 anni, molti dei quali dedicati a questo tema) è un'ottima testimonianza il volume ora dato alle stampe, che trae origine dai suoi studi e dai testi scritti per i suoi studenti della Lumsa, della Università per stranieri "Dante Alighieri" di Reggio Calabria e di altri corsi di laurea in servizio sociale. Arricchite e sviluppate in più punti, quelle lezioni si sono tradotte in una vera e propria storia del servizio sociale, dalle lontane origini primonovecentesche sin quasi a oggi.

Non dev'essere stata opera da poco, data la frammentarietà e la dispersione delle fonti che solo da qualche anno la Sostoss, un istituto sorto precisamente con questo scopo, cerca di raccogliere salvandole dall'oblio o dalla distruzione per poi trasmetterle all'Archivio centrale dello Stato. E non è da sottovalutare questo libro, che indubbiamente colma una lacuna nella conoscenza storiografica specie del secondo dopoguerra italiano.

Tuttavia, pur concentrando la sua attenzione sul periodo 1945-1960, che costituisce un po' l'età fondativa e insieme pionieristica del servizio sociale in Italia, l'autrice premette anche un'utilissima descrizione dell'assistenza nella prima metà del Novecento, in particolare illustrando l'esperienza della Scuola superiore fascista per assistenti sociali, operante presso il convento del Celio di Roma. Scuola – ricorda Cutini – fortemente voluta dalla Confederazione degli industriali di Milano per preparare personale femminile che, nelle fabbriche, potesse aiutare ad assolvere incombenze burocratiche per problemi previdenziali, assistenziali, sanitari sia delle lavoratrici che dei loro famigliari, senza che ciò distogliesse gli operai (maschi) dal lavoro. «Le signorine delle pratiche», venivano definite le assistenti sociali inserite nell'industria. Erano – certo – un supporto dell'organizzazione padronale in tempi di paternalismo industriale ma ebbero, all'epoca, anche un ruolo di proselitismo, analogamente a quanto capitò alle altre due scuole fasciste, quella di puericultura e quella di economia domestica. La scuola del Celio funzionò dal 1928 al 1943: era una scuola-convitto di durata annuale per donne laureate. Vi si diplomarono oltre 500 ragazze assistenti sociali, molte delle quali avrebbero bene operato anche dopo la caduta del regime, alcune anche contribuendo, come in una sorta di apostolato educativo, all'apertura di nuove scuole.

Dopo la guerra un gruppo di persone, prevalentemente donne, alcune delle quali si erano coraggiosamente impegnate nella Resistenza, intuirono che la diffusione della democrazia e il raggiungimento di una maggiore giustizia sociale avrebbe avuto bisogno anche del contributo di personale espressamente qualificato. Mettendo a frutto anche la conoscenza di importanti esperienze straniere fondarono così le prime scuole per assistenti sociali dell'Italia repubblicana. E fu precisamente in quel clima socio-culturale denso di idealismo che si inserì una figura di grande rilievo come quella di Odile Vallin, francese, laureata in filosofia alla Sorbona e poi in servizio sociale alla Scuola pratica di Montparnasse a Parigi, che a Milano, nel terribile anno 1943, agendo clandestinamente presso l'Opera Cardinal Ferrari, aprì il primo corso per assistenti sociali importando in Italia il modello della sua scuola parigina. Successivamente la scuola di Odile Vallin, attraverso una allieva diretta della fondatrice, avrebbe promosso anche l'apertura della Scuola per assistenti sociali di Palermo. Di ciò si occupa ampiamente Rita Cutini, anche facendo ricorso a un bel ricordo personale. Emerge dalla ricostruzione quale valore abbia avuto quell'opera di primo impianto sia per favorire l'evoluzione del servizio sociale in Italia, sia per diffondervi modalità innovative, sperimentate in varie scuole, e sia anche per l'impulso che diede all'attività professionale in vari enti di servizio sociale.

Cutini sottolinea anche come un notevole contributo all'apertura e al funzionamento delle scuole sia venuto dall'Amministrazione per gli Aiuti Internazionali, poi Amministrazione per le attività Assistenziali italiane ed Internazionali. Struttura anomala nell'organizzazione statale italiana, fondata e presieduta da una personalità di spicco del mondo cattolico quale il senatore democristiano (e fratello del futuro Paolo VI) Lodovico Montini, già presidente della delegazione del Governo italiano per i rapporti con l'Unrra, per circa trent'anni l'Aai, con erogazioni in denaro, con l'organizzazione di corsi di formazione per i docenti delle materie professionali, con borse di studio per studiosi stranieri che facessero conoscere esperienze più avanzate, ha costituito la sede più autorevole per la promozione del servizio sociale in Italia. Ai suoi programmi furono ammesse solo scuole la cui organizzazione rispondesse a determinati requisiti culturali e organizzativi, il che, in assenza di ogni riconoscimento giuridico della formazione e del ruolo degli assistenti sociali, molto contribuì a dare maggior omogeneità alla formazione degli assistenti sociali, anche se purtroppo non poté frenare la diffusione di scuole di servizio sociale prive di spessore culturale, non ammesse ai programmi dell'Aai, che, costituendosi prevalentemente autonomamente nel Mezzogiorno, molto avrebbero e rallentato il riconoscimento giuridico della professione.

Le "nuove" scuole per assistenti sociali furono in genere fortemente caratterizzate dalla personalità dei loro fondatori. Molte di esse furono di orientamento cattolico e mantennero un rapporto più o meno stretto con le gerarchie ecclesiastiche. Una minoranza, tuttavia certamente assai significativa, ebbe invece orientamento laico: si iscrivono in quel contesto la figura straordinaria di Lucia Corti Ajmone Marsan, fondatrice a Milano di una scuola appunto di orientamento laico; e quella di Paolina Tarugi, che dopo aver frequentato la scuola del Celio aprì ugualmente a Milano una terza scuola, condividendo nella sua vita di impegno costante fondamentali battaglie per il diritto di voto e per l'ammissione delle donne alla professione di avvocato. Pure di orientamento laico (anzi punti di riferimento fondamentale di quella componente) erano il filosofo Guido Calogero e sua moglie Maria, che fondarono a Roma il Centro per l'educazione professionale per assistenti sociali (Cepas, 1947), riferendosi ampiamente ad modello di formazione anglo-americano. Ma in quegli anni dell'immediato dopoguerra nacquero e operarono in tutto il Paese molte altre scuole per assistenti sociali, a testimonianza della diffusa esigenza di dare un carattere promozionale e volontario all'assistenza, elemento di mobilitazione necessario nella faticosa fase di ricostruzione anche morale del Paese.

Un evento centrale della ricostruzione di Rita Cutini è poi il Convegno per Studi di assistenza sociale svoltosi a Tremezzo dal 16 settembre al 6 ottobre 1946. Organizzato dalla Missione UNRRA in Italia e dal Ministero per l'Assistenza postbellica, il Convegno ebbe un rilievo decisivo sulle sorti dell'intero movimento. In una fase drammatica della storia italiana ben tre settimane vennero dedicate agli studi per l'assistenza sociale, con ampia partecipazione di rappresentanti delle istituzioni, dirigenti di enti assistenziali, esperti della materia italiani ed internazionali, futuri direttori di scuole di servizio sociale. Tra i tanti convennero a Tremezzo Michael Shapiro, Francesco Vito, Ezio Vigorelli, Ada Gobetti, Lucia Corti Aimone Marsan, Maria Calogero, Riccardo Bauer, Cesare Musatti, Odile Vallin, Adriano Ossicini. I lavori furono articolati in relazioni, dibattiti e mozioni di sintesi, poi fedelmente riportati dagli *Atti*, pubblicati (erano tempi di povertà estrema) su carta donata dall'Ufficio Informazioni Stati Uniti (lo ricorda Angela Zucconi, nel suo bel libro autobiografico). Si ipotizzarono a Tremezzo soluzioni innovative di organizzazione dell'assistenza, si scambiarono esperienze, si tessero rapporti (anche d'amicizia) destinati a durare a lungo. Per citare l'indimenticabile la frase del ministro Emilio Sereni, "l'utopia di oggi sarà la politica di domani". La realizzazione di quell'utopia, però, si sarebbe rivelata molto più lenta di quanto allora non si potesse immaginare.

Gli anni successivi non furono affatto facili. Da subito le scuole per assistenti sociali sentirono l'isolamento che ne condizionava l'azione e compresero che occorreva creare reti più vaste di collegamento. Le tre scuole attive a Roma nel 1947 rappresentavano le diverse impostazioni del settore e divennero perciò, com'era naturale, le capofila di raggruppamenti su scala nazionale.

L'ONARMO vicina alle gerarchie ecclesistiche, oltre alla scuola di Roma, nella sede del Celio, aprì molte scuole, alcune di buon livello, altre purtroppo (ancora una volta nelle regioni del Sud) di scarso spessore culturale. L'Ente Nazionale Scuole Italiane di Servizo Sociale (ENSISS), di orientamento cattolico, ma autonoma dalle gerarchie, aprì una scuola a Roma e ripeté in seguito l'operazione in altre nove città, prevalentemente del Nord. L'orientamento laico fu rappresentato dall'Unione Nazionale Scuole per Assistenti Sociali (UNSAS) che, oltre le scuole di Milano e successivamente quelle di Torino e Napoli, associò anche il CEPAS.

Quest'ultimo (come documenta Cutini) ebbe una caratteristica peculiare, che nel tempo lo differenziò dalla maggioranza delle altre scuole (e forse causò anche l'ostilità nei suoi confronti dei governi centristi), e fu l'orientamento spiccato verso la comunità, la convinzione che i problemi dei singoli potessero essere risolti solo attraverso interventi di inserimento nella comunità di appartenenza. Oltre ai due Calogero al CEPAS insegnarono studiosi di varie discipline, uniti in un impegno comune nel formare operatori competenti e profondamente impegnati nella promozione della democrazia. Fin dall'inizio nella gestione furono coinvolti gli studenti, attraverso propri rappresentanti nel consiglio d'amministrazione.

L'altra scuola cui Cutini dedica un capitolo a sé è la Scuola di servizio sociale per religiose, sorta a Roma nel 1950, promossa dall'USMI per qualificare le religiose impegnate nell'assistenza in Italia e nelle missioni. Anche nel mondo ecclesiale era presente dunque l'esigenza di una professionalizzazione del settore e si favoriva la comune esperienza di religiose e laiche, sia pure nell'ambito di scuole di orientamento cattolico. L'ordine degli studi era simile a quello delle altre scuole del Paese, salvo l'inserimento della teologia e una maggiore presenza dell'apprendimento dell'etica. Fu comunque un'esperienza molto significativa che produsse modifiche, anche traumatiche, all'interno di ordini religiosi poco inclini sino ad allora ad accettare deroghe ai principi di autorità ed ubbidienza vigenti da secoli. Come molte altre scuole private per assistenti sociali che poi hanno dato vita a corsi di laurea in servizio sociale nelle università, anche la scuola per religiose, dopo aver accolto anche laici, ha originato il corso della LUMSA.

Cutini è consapevole che la strada compiuta è stata lunga e non priva di contraddizioni e battute d'arresto. Come rilevò in particolare l'Inchiesta parlamentare sulla miseria e sui mezzi per combatterla del 1952, esistevano nel dopoguerra in Italia migliaia di enti assistenziali: la maggioranza di essi erano sorti in tempi anche molto remoti in base alla tradizione elimosiniera della Chiesa; altri erano nati come organismi assistenziali fascisti, tenuti per statuto a erogare prestazioni prestabilite senza alcun obiettivo emancipatorio dei destinatari. Gli assistenti sociali formati dalle nuove scuole del dopoguerra volevano invece trasformare l'assistenza in servizio sociale, rispettando la singolarità delle persone e progettando per ciascuno degli assistiti la soluzione più adeguata. Il sociologo Franco Ferrarotti affermò più di tutti in quegli anni la necessità di trovare modalità organizzative che consentissero agli operatori del servizio sociale ampia possibilità di esercitare la propria professione. Di diversa impostazione fu Riccardo Bauer, che oltre alla Società umanitaria presiedeva l'Unione nazionale delle scuole per assistenti sociali (UNSAS), di orientamento laico, e che riteneva invece necessario che, superata la fase spontaneistica delle origini, sia le scuole che la professione tutta si adeguassero a regole ben definite.

Un dilemma, quello tra sperimentalità e organizzazione, tuttora presente nella professione.

La situazione del Paese e l'organizzazione dei servizi sociali è oggi profondamente modificata rispetto agli anni Cinquanta. Sono stati soppressi gli enti assistenziali nazionali, nella speranza che l'attribuzione delle competenze in materia agli enti locali avrebbe consentito una maggiore capacità dei servizi di adeguarsi alle esigenze che le singole comunità esprimevano. Ma ciò è avvenuto solo in parte ed in maniera nient'affatto omogenea. Gli assistenti sociali, anche oggi, vivono con disagio il proprio inserimento in strutture che sono state pensate e organizzate per finalità diverse dal benessere dei cittadini. C'è il rischio che si perda persino la memoria del generoso slancio innovativo delle prime generazioni.

L'Italia del dopoguerra fu caratterizzata da grandi fratture e ingiustizie sociali, da endemici problemi di povertà e sofferenze delle classi più discriminate. Ma ebbe anche, al suo interno, donne e uomini capaci di sognare un Paese migliore e più giusto e di battersi con coraggio per realizzarlo. Questo bel libro di Rita Cutini, nella cura e attenzione per le fonti e nello scrupolo rigoroso della ricostruzione storica che lo caratterizza, ci aiuta a ricordarlo.

Sigle e abbreviazioni

AAI	Amministrazione per le Attività Assistenziali Italiane ed Internazionali (già Amministrazione per gli Aiuti Internazionali)
ACS	Archivio Centrale dello Stato
AGC	Archivio Guido Calogero
ALCS	Archivio Laura Calogero Sasso
ALSI	Associazione Lavoratori Sociali Italiani
AMC	Archivio Maria Comandini Calogero
ANAS	Associazione Nazionale Assistenti Sociali (ora AssNAS)
CARG	Centro Assistenza per i reduci
CEPAS	Centro Educazione Professionale per Assistenti Sociali
CISS	Comitato Italiano di Servizio Sociale
CNDI	Consiglio Nazionale Donne Italiane
ECA	Ente Comunale di Assistenza
EISS	Ente Italiano di Servizio Sociale
ENPI	Ente Nazionale Prevenzione Infortuni
ENSISS	Ente Nazionale per le Scuole di Servizio Sociale
GDD	Gruppi di Difesa della Donna per l'Assistenza ai Volontari della Libertà
GFGL	Gruppi Femminili di Giustizia e Libertà
INAIL	Istituto Nazionale per l'Assicurazione contro gli Infortuni sul Lavoro
ISES	Istituto di Studi sull'Edilizia Sociale
ISSCAL	Istituto di Servizio Sociale per le Case dei Lavoratori
ISTISSS	Istituto per gli Studi di Servizio Sociale
MAP	Ministero dell'Assistenza Post-bellica
MAS	Ministero dell'Assistenza Sociale
MCC	Movimento di Collaborazione Civica
MI, AAI	Ministero dell'Interno, Amministrazione Aiuti Internazionali
ONARMO	Opera Nazionale Assistenza Religiosa e Morale degli Operai

ONMI	Opera Nazionale per la protezione della Maternità e dell'Infanzia
POA	Pontificia Opera Assistenza
SNDLS	Scuola Nazionale per Dirigenti del Lavoro Sociale
SOSTOSS	Società per la Storia del Servizio Sociale
UCISS	Unione Cattolica Internazionale di Servizio Sociale
UDI	Unione Donne Italiane
UNLA	Unione Nazionale per la Lotta all'Analfabetismo
UNRRA	United Nations Relief and Rehabilitation Administration
UNSAS	Unione Nazionale per le Scuole di Assistenza Sociale

Introduzione. L'importanza della storia nella costruzione dell'identità professionale degli assistenti sociali

Ricostruire le persone: questo era il compito ambizioso e necessario affidato agli assistenti sociali all'indomani del secondo conflitto mondiale. Preparare i futuri assistenti sociali a questo compito e renderli capaci di questo lavoro, eticamente schierati, autonomi, consapevoli, culturalmente avvertiti, significava mettere in campo un lavoro straordinario, davvero ambizioso ed inedito. In questa opera vedremo impegnati nomi di primo piano del mondo accademico, politico e culturale di allora. «L'assistenza è cosa delicata e umana» ammoniva Maria Comandini Calogero rispondendo ad una interpellanza durante il Convegno di Tremezzo nel 1946. Nello stesso Convegno Amos Chiabov, uno dei suoi infaticabili organizzatori insieme a Lucia Corti Marsan, affermava che l'assistente sociale è «colui cioè che deve essere l'artefice della grande opera di risanamento sociale».[1]

Milena Cortigiani nel suo bel libro autobiografico *Un paese in trasformazione,* in modo assai significativo, mette in relazione la sua formazione "pratica" di assistente sociale con l'esperienza di adolescente durante il periodo tragico della guerra e del fascismo. Un passaggio del libro chiarisce efficacemente un tratto delle prime e seconde generazioni di assistenti sociali italiani negli anni del secondo dopoguerra. Scrive Milena Cortigiani:

1. Quest'espressione è stata utilizzata da Amos Chiabov al Convegno per Studi di assistenza sociale, tenutosi a Tremezzo (Como), e sintetizza le aspettative che la figura dell'assistente sociale suscitava nella fase delicata della ricostruzione e della democratizzazione del paese. Vedi Amos Chiabov, *Conclusioni*, in *Atti del Convegno per Studi di assistenza sociale*, Tremezzo, 16 settembre-6 ottobre 1946, a cura di Michael Schapiro, Francesco Vito, Marzorati, Milano 1947, p. 787.

> [Quelli dell'adolescenza] Per me sono stati anni di riflessione e di amarezza. [...] Pensavo che solo la guerra potesse determinare questi comportamenti ingiustificati, solo la sofferenza, la povertà soprattutto culturale e, perché no, anche la manipolazione politica che investiva tutti i settori, i livelli sociali [...] Fosse giusto o no, nel tempo, ho sempre pensato che l'etica e la giustizia riguardino una singola persona e che gli organismi sono tanto più validi se hanno molte persone, al loro interno, eticamente corrette. fino a questo punto avevo tutto chiaro, ma non andavo oltre. Anche se lentamente, dopo la guerra, mi rendevo conto che mi stavo schierando e che tutto diventerà certezza, per me, al momento della concretezza della vita lavorativa. Vivendo tutto il giorno accanto agli operai, con le persone delle loro famiglie, era facile sentire che il mio compito era capire loro e aiutarli a prendere coscienza di sé e del loro cammino.[2]

La figura dell'assistente sociale si è sviluppata in Italia, negli anni complicati e carichi di speranza del secondo dopoguerra, con i tratti caratteristici e peculiari che, almeno in parte, tuttora la contraddistinguono. La nascita delle cosiddette "scuole nuove" di servizio sociale, il Convegno per Studi di assistenza sociale di Tremezzo e l'ingresso degli assistenti sociali nel mondo degli enti di assistenza, sono le tre tappe fondamentali di questa storia. Una storia a tratti avventurosa, contradditoria, che si è intrecciata con la storia della resistenza, dell'assistenza e più in generale con la storia della giovane democrazia italiana.

L'identità professionale dell'assistente sociale trae origini da questa storia e le ricerche avviate grazie all'impulso formidabile della Società per la storia del servizio sociale (Sostoss) negli ultimi anni, stanno restituendo alla luce e salvando dall'oblio un patrimonio di idee, di eventi, di storie personali rimaste nell'ombra e, in certo senso, sacrificate da letture storiografiche polarizzate.[3] È il recupero di un capitale genetico originario

2. Milena Cortigiani, *Un paese in trasformazione Infanzia, formazione tra fascismo e libertà, scelte di vita. La professione di un'assistente sociale*, Sensibili alle foglie, Roma 2014, pp. 43 e 44. Si veda anche Paola Rossi, *Sette paia di scarpe, storia di un'assistente sociale*, Maggioli, Santarcangelo di Romagna 2011.

3. La Società per la storia del servizio sociale (Sostoss), presidente Guido Melis e vicepresidente Maria Stefani, ha negli anni esercitato un ruolo importante nel recupero degli archivi, nel promuovere giornate di studio, e produrre pubblicazioni che hanno fatto il punto su importanti momenti della storia sociale italiana. Volentieri, con gratitudine personale, ricordo il lavoro rigoroso e infaticabile di Maria Carmen Pagani (1928-2014): la sua passione e il suo impegno restano un esempio per chi oggi opera nel solco da lei tracciato. Un pensiero grato a Claudio Tedeschi (1932-2016) che dall'inizio dell'attività della Sostoss ha

della professione che affonda le sue radici nel secondo dopoguerra, ma che passa attraverso la storia personale dei protagonisti forgiati profondamente dal tirocinio doloroso della guerra e del fascismo.

Questo lavoro di ricerca storica rappresenta oggi un grande supporto all'autoriflessione della comunità professionale degli assistenti sociali. Ma in questo intenso lavoro di recupero e di studio c'è qualcosa di più della semplice autobiografia di una professione. Non si tratta di una operazione *amarcord* autoreferenziale. Anzi, è un contributo che attingendo a diverse discipline, cerca di restituire complessità e chiavi di lettura ad un periodo storico che sfugge alle schematizzazioni e che queste schematizzazioni ha patito con la conseguenza di relegare in una zona d'ombra una pagina importante della storia del nostro paese.

Pietro Scoppola, già negli anni '90, individuava la difficoltà di ricostruire il percorso della democrazia italiana del secondo dopoguerra alla luce della feconda contraddizione tra utopia e realtà e della contrapposizione tra "storia politica" e "storia sociale", proprio negli steccati esistenti allora tra le varie discipline e non ancora superati. La soluzione era quella di «superare i troppo rigidi confini e stabilire un circuito aperto fra storia, diritto e scienze sociali».

Gli studi che proprio Pietro Scoppola cita come esempio di superamento fruttuoso sono quelli di Guido Melis, con la sua «robusta sintesi della storia amministrativa del nostro paese».

La soluzione, per restituire spessore e complessità alla narrazione dei primi passi incerti e non scontati della democrazia italiana, passa per l'*interdisciplinarietà*. Parola, questa, molto significativa e scritta nel DNA dell'identità professionale degli assistenti sociali. Parola che chiarisce anche la fecondità dello sforzo della SOSTOSS in questo tenace impegno di tenere insieme ambiti scientifici diversi su eventi e protagonisti non ancora sufficientemente studiati.

Bisogna soffermarsi ancora sulla riflessione di Pietro Scoppola perché si attaglia perfettamente allo sforzo del presente volume di spiegare l'impegno di una generazione di assistenti sociali, ma in realtà di una intera

dato il suo contributo generoso e intelligente. Tra le ultime pubblicazioni curate dalla Società, tutte pubblicati con Viella: Maria Stefani (a cura di), *Le origini del servizio sociale italiano. Tremezzo: un evento fondativo del 1946. Saggi e testimonianze*, Roma 2012; Enrico Appetecchia (a cura di), *Idee e movimenti comunitari. Servizio sociale di comunità in Italia nel secondo dopoguerra*, Roma 2015; Paola Rossi (a cura di), *Povertà, miseria e Servizio sociale. L'Inchiesta parlamentare del 1952*, Roma 2018; vedi anche www.sostoss.it.

generazione, che operava nella stagione di «feconda contrapposizione tra utopia e realtà». Scriveva Scoppola:

> Ma se i due aspetti l'utopia e il realismo, sono parti integranti del processo di costruzione della democrazia, è evidente che questa contrapposizione non può essere accettata: i due elementi anche se conflittualmente, dovranno essere compresenti.

E ancora:

> Non è possibile concepire una storia della democrazia italiana se non in questa prospettiva che è maturata sì, per una evoluzione degli studi storici, ma certo anche sotto lo stimolo di un nuovo rapporto con le scienze sociali.[4]

C'è, quindi, una dimensione della storia italiana di quegli anni che è solo parzialmente esplorata e, in particolare, quella dell'assistenza e dei suoi protagonisti. Ad esempio non è stato chiarito adeguatamente il ruolo non secondario che proprio i temi assistenziali hanno avuto come volano nel percorso faticoso e dagli esiti non scontati di democratizzazione e modernizzazione del nostro paese.

A questo riguardo è utile riprendere una considerazione di Guido Crainz che è possibile applicare a quel variegato mondo o, per meglio dire, a quella generazione che negli anni del secondo dopoguerra con slancio ideale viveva un impegno straordinario per la ricostruzione del nostro paese: il mondo dell'assistenza. A proposito di quel periodo della storia italiana ne va sottolineata la dimensione dell'impegno collettivo, della generosità del sacrificio personale, della dedizione all'assistenza, del privilegiare la dimensione pubblica a scapito di quella privata. Nota Guido Crainz: «sono versanti poco esplorati, intessuti come sono di "umile" e laboriosa quotidianità, coperti spesso dal pudore della memoria, poco riducibili ad una storiografia del conflitto; estranei all'immagine di una eterna guerra civile italiana e perciò negletti».[5]

C'è una trasformazione nell'Italia di quegli anni che è solo parzialmente esplorata. Poco o nulla esplorato è tutto quell'impegno civile che non pochi ritennero di dover profondere nella ricostruzione materiale e morale (come si diceva allora) dell'Italia.

4. Pietro Scoppola, *La repubblica dei partiti. Evoluzione e crisi di un sistema politico 1945-1996*, Il Mulino, Bologna 1997, p. 42.

5. Guido Crainz, *Autobiografia di una Repubblica, le radici dell'Italia attuale*, Donzelli, Roma 2009, pp. 55-56.

Aurelia Florea, figura competente e di grande spessore che per decenni ha dato un contributo intellettuale significativo alla riflessione sui temi del servizio sociale e del welfare, a questo proposito afferma:

> È infatti la ricerca storica che ci permette di conoscere non solo l'esordio della professione, ma anche le sue caratteristiche in rapporto alla società nella quale opera ed ipotizzare possibili evoluzioni. Lo sviluppo del servizio sociale e delle scuole non è avvenuto per caso e neppure per mero capriccio intellettualistico e tanto meno per pura pressione culturale del mondo anglosassone pur riconoscendone l'influenza. La ragione dello sviluppo del servizio sociale nel nostro paese, nel periodo dell'immediato dopoguerra, va ricercata nei processi di trasformazione strutturale dell'Italia, trasformazioni che riguardavano il sistema sociale dal punto di vista economico, giuridico, culturale cioè il passaggio dalla civiltà contadina alla società industriale.
> Infatti, quando si parla del periodo postbellico con riferimento al servizio sociale, si parla del clima di rinascita morale e materiale, dell'impegno civile dell'intera nostra società. Il grande sforzo assistenziale, che allora veniva intrapreso in nome dell'ideale democratico, trovava nei principi base del servizio sociale un suggestivo punto di riferimento.
> È evidente la stretta interrelazione tra la professione dell'assistente sociale nel suo processo di maturazione e di affermazione compiuto negli ultimi cinquant'anni, e l'evoluzione del sistema del welfare nella società italiana. Il passaggio dalla carità e beneficenza ai diritti di cittadinanza, con una *presenza professionale* da "tappabuchi" ad agente di cambiamento, e poi a guida relazionale e punto di riferimento di reti sociali.[6]

Un aspetto ulteriore del lavoro dell'assistente sociale, che in quegli anni, non a caso, inizia ad essere dibattuto in ambito formativo e che forse è utile affrontare, riguarda il rapporto tra teoria e prassi.

È un dibattito tanto caro al mondo del servizio sociale, e anche in altri capitoli di questo volume lo si affronta. È importante che questo dibattito sia ancorato robustamente alla riflessione che in quei primi anni del servizio sociale si stava sviluppando: lo slancio ideale e quello dell'azione nella vita sociale, quella che veniva chiamata pratica, era un tutt'uno. Lavorare per gli altri, risollevare il paese partendo dalle persone, aveva, negli anni del secondo dopoguerra, una grande pregnanza culturale, ideale, si potrebbe dire vitale. Successivamente, negli anni che sono seguiti, tutto questo

6. Aurelia Florea, *Presentazione*, in Rita Cutini, *Il servizio sociale nel secondo dopoguerra. Contributi per una ricerca storica,* Roma 2003 (Quaderni Istisss, 16).

è diventato il pragmatismo tecnico di stampo anglosassone. Si è potuto osservare anche un cambiamento nel modo di concepire il rapporto tra la "teoria" e la "pratica", con un graduale spostamento di quest'ultima in una posizione gerarchicamente subordinata rispetto al momento dell'elaborazione teorica considerata più nobile.

Nella *Scuola dell'uomo*, Guido Calogero, nel 1939, dedica una parte non trascurabile della sua riflessione a confutare questa facile ma fuorviante dicotomia. Ci sono degli spunti di riflessione che meriterebbero di essere citati per esteso per non troncare un argomentare ricco e convincente: «Non c'è conoscere senza agire, e non c'è l'agire senza conoscere».[7]

Sull'altro versante, quello della cultura cattolica, troviamo nelle riflessioni di Mounier dei passaggi che andrebbero inseriti nei corsi per gli assistenti sociali. «Che l'esistenza sia azione [...] è una delle intuizioni basilari del pensiero contemporaneo. Se ad alcuni ripugna introdurre l'azione nel pensiero e nella più alta vita dello spirito, è perché essi ne hanno [...] una nozione abbastanza confusa». E poi Mounier chiosa: «Ciò posto quel che non agisce non è. Che cosa chiediamo all'azione? Di modificare la realtà esteriore, di formarci, di avvicinarci agli uomini di arricchire il nostro universo di valori».[8] È interessante il concetto di impegno, di *engagement*, centrale in Mounier. Agire significa esistere, vivere.

Sempre nella *Scuola dell'uomo* Guido Calogero riporta questa bella citazione di Hegel: «Niente di grande al mondo è stato fatto senza passione». C'è quindi una passione civile, un impegno che traspare dal lavoro delle prime generazioni di assistenti sociali che hanno operato nel nostro paese da riconoscere, da studiare e da riproporre alle nuove generazioni di assistenti sociali.

L'agire, l'azione, l'impegno, del resto, non era appannaggio solo degli assistenti sociali, era la cifra dell'impegno civile e politico di allora. Elio Vittorini nel 1945 pubblica un articolo intitolato significativamente *Una nuova cultura*:

> Da che cosa la cultura trae motivo per elaborare i suoi principi e i suoi valori? Dallo spettacolo di ciò che l'uomo soffre nella società. L'uomo ha sofferto nella società, l'uomo soffre. E che cosa fa la cultura per l'uomo che soffre? Cerca di consolarlo. Per questo suo modo di consolatrice in cui si è manifestata fino ad oggi, la cultura non ha potuto impedire gli orrori del fascismo.

7. Guido Calogero, *La scuola dell'uomo*, Diabasis, Reggio Emilia 2003.
8. Emmanuel Mounier, *Il personalismo*, Ave, Roma 1964, 2006^2, p. 121.

> [...] Potremo mai avere una cultura che sappia proteggere l'uomo dalle sofferenze invece di limitarsi a consolarlo? Una cultura che le impedisca, che le scongiuri, che aiuti a eliminare lo sfruttamento e la schiavitù, e a vincere il bisogno, questa è la cultura in cui occorre che si trasformi tutta la vecchia cultura. La cultura italiana è stata particolarmente provata nelle sue illusioni. [...] Occuparsi del pane e del lavoro è ancora occuparsi dell'"anima".[9]

Era una nuova cultura o meglio una "cultura dell'impegno", che nasceva fuori dalla polverosa e fatiscente accademia universitaria italiana, così come era ridotta in quegli anni. Si comprende bene come la pratica professionale, così come viene intesa in quei primi anni all'indomani del secondo conflitto, fosse una delle dimensioni dell'impegno culturale, sociale e democratico dei protagonisti di allora, e non il meno importante. Non accadrà più in seguito, ma in quegli anni «tutti facevamo l'assistenza!» come ebbe a dire Vincenzo Saba, studioso, ma anche testimone diretto di quegli anni.[10] Il dopoguerra, con le questioni assistenziali che poneva, non era appannaggio degli addetti ai lavori: richiedeva alle energie migliori del paese uno slancio nuovo, ideale e pragmatico allo stesso tempo.

Così si spiegano i nomi impegnati nello sviluppo della figura dell'assistente sociale in Italia e su cui si tornerà nei capitoli del presente volume. Sono figure di primo piano del mondo accademico, politico e imprenditoriale. Sono i relatori e gli interpellanti che intervengono al Convegno di Tremezzo, sono i docenti delle prime scuole di Servizio, sono i promotori e i finanziatori dei primi esperimenti di lavoro sociale.

Una pagina memorabile de *L'orologio* di Carlo Levi descrive l'Italia e in particolare la Roma di quegli anni. Vi troviamo espressa molto bene questa "cultura dell'impegno", che nell'ambito dell'assistenza possiamo

9. Elio Vittorini, *Una nuova cultura*, in «Politecnico», 1 (29 settembre 1945); Guido Crainz così inquadra questo scritto nel contesto del periodo: «Di qui l'esigenza di una rifondazione profonda, la necessità di una trasformazione della cultura in una cultura capace di lottare contro la fame e le sofferenze, una cultura dell'impegno, come si sarebbe detto, e sarebbe diventata anche retorica: ma di quella retorica non vanno ignorate le ragioni e gli umori fondativi», Guido Crainz, *L'ombra della guerra. Il 1945, l'Italia*, Donzelli, Roma 2007, p. 8.

10. Vedi anche Vincenzo Saba, *La figura e l'opera di Ludovico Montini: teoria e pratiche del cattolicesimo sociale italiano alla prova delle nuove assistenze americane,* in Andrea Ciampani (a cura di), *L'Amministrazione per gli aiuti internazionali. La ricostruzione dell'Italia tra dinamiche internazionali e attività assistenziali*, FrancoAngeli, Milano 2002, pp. 23-45.

tradurre con la parola "pratica", ma che era percepita allora come una questione di "civiltà".

Carlo Levi parla attraverso uno dei suoi personaggi, Andrea: «Ecco due veri partiti che, [...], si lottano, le due civiltà che stanno di fronte, le due Italie, sono quella dei Contadini e quella dei Luigini... Ora mi spiego, se vi pare necessario. Le cose vanno chiamate con i loro nomi: io ho scelto questi perché sono veri..». Chi sono i contadini? Prima di tutto certo sono i contadini del mezzogiorno ma anche quelli del nord, sono gli operai. E poi, in questo bel passaggio, il libro di Carlo Levi prosegue:

> Sono Contadini tutti quelli che fanno le cose, che le creano, che le amano, che se ne contentano. Sono Contadini anche gli artigiani, i medici, i matematici, i pittori, le donne, quelle vere non quelle finte. Infine, se permettete, siamo Contadini noi [...] quelli che si usano chiamare, con una parola odiosa, gli "intellettuali" [...], quelli che io definisco Contadini sarebbero i produttori: e se vi piace, usate pure questo termine. Io preferisco, perché non si tratta solo di una questione economica, di attività, di produzione, ma di una differenza di civiltà, chiamarli con il loro vero nome: Contadini.[11]

È una espressione che bene descrive anche gli allievi, i giovani assistenti sociali della prima generazione; oppure potremmo definirli anche *utopisti concreti.*[12]

C'è qualcosa di ciclico nella storia del servizio sociale, una sorta di opposte concezioni del lavoro sociale che si sono confrontate e persino scontrate a più riprese. C'è un lavoro professionale "per noi e tra noi", autoreferenziale, tentato dalla burocratizzazione, che usa un linguaggio tecnicistico e che dietro i tecnicismi si trincera e si difende dalla realtà e dalle sue convulsioni, oppure una figura professionale aperta al cambiamento, preparata e culturalmente avvertita circa le trasformazioni sociali, consapevole del proprio ruolo, promotrice di valori.

Utopia concreta, *cultura dell'impegno* sono termini che aiutano a descrivere l'*humus*, lo sfondo ideale e concreto della generazione dei primi

11. Carlo Levi, *L'orologio*, Einaudi, Torino 1989, p. 165.

12. Paolo Sylos Labini, nella prefazione del saggio *Abolire la miseria*, definirà Ernesto Rossi un *utopista concreto*: «Ernesto Rossi era un utopista, sapeva di esserlo, ma era un utopista concreto, se così posso dire. Non si fidava delle idee generali nemmeno delle sue; perciò voleva che le sue proposte radicali, vorrei dire rivoluzionarie, avanzate in questo libro, fossero ampiamente discusse prima di pensare a qualche forma di attuazione pratica» (Paolo Sylos Labini, *Prefazione*, in Ernesto Rossi, *Abolire la miseria,* Laterza, Bari 1977, p. XIX).

assistenti sociali, senza contratto, senza riconoscimento giuridico, ma che con spirito garibaldino, con passione, competenza ed efficacia, vivevano la sfida coraggiosa, ma non impossibile, di rendere il nostro paese più giusto, moderno e democratico. Insomma di rendere l'Italia un paese migliore.

* * *

La stesura di questo volume raccoglie e porta a compimento un lavoro di ricerca durato non pochi anni. Le fasi di sviluppo di tale lavoro si possono rintracciare nella diverse pubblicazioni dell'autrice. In particolare negli articoli pubblicati nella Rivista di Servizio Sociale dell'Istisss e poi raccolti nel volume ora esaurito: Rita Cutini, *Il servizio sociale nel secondo dopoguerra. Contributi per una ricerca storica,* Roma 2003 (Quaderni Istisss, 16). Altre pubblicazioni i cui materiali e argomentazioni sono stati utilizzati nel presente volume sono: Ead., *L'assistente sociale nel Lazio: alle origini della professione*, in Marco Burgalassi (a cura di), *Promuovere il benessere in tempo di crisi*, Carocci, Roma 2012; Ead., *L'assistente sociale nelle ipotesi presentate a Tremezzo*, in Maria Stefani (a cura di), *Le origini del servizio sociale italiano Tremezzo: un evento fondativo del 1946. Saggi e testimonianze*, Viella, Roma 2012.

1. La *preistoria* del servizio sociale in Italia. La Scuola superiore del Partito nazionale fascista (1928)

Dove e quando ha preso le mosse la figura dell'assistente sociale in Italia? Chi si è cimentato nello studio dell'argomento è d'accordo nel collocare la sviluppo della professione nel secondo dopoguerra. Ma è a partire dagli inizi del '900 che si palesano quelle prime esperienze formative e di "lavoro sociale" che dello sviluppo successivo sono le premesse. Franco Ferrarotti ha definito questo periodo la *preistoria* del servizio sociale in Italia: «Il servizio sociale in Italia ha certamente una sua preistoria [...] Alludiamo alla Scuola di servizio sociale fondata in Roma nel 1928 per iniziativa della Confederazione degli Industriali e nella quale è da vedersi quanto di esplicito e dichiarato servizio sociale esisteva nel nostro paese».[1]

Nel Nord dell'Italia, in particolare a Milano, nei primi decenni del novecento i temi assistenziali iniziano ad essere dibattuti con il contestuale delinearsi dell'esigenza di una figura esperta in grado di "aiutare" in modo competente e che sia professionalmente formato.[2] Domenica Gristina situa nel fermento di quegli anni le premesse del servizio sociale italiano e ricorda anche il nome della (forse) prima assistente sociale italiana, assunta dal Comune di Milano: Santa Volontieri.[3]

1. Franco Ferrarotti, *Servizio sociale e enti pubblici nella società italiana in trasformazione,* Armando, Roma 1965, p. 9.

2. Una ricostruzione anch'essa stessa storica l'abbiamo nella relazione di Paolina Tarugi al Convegno per Studi di assistenza sociale di Tremezzo: Paolina Tarugi, *Il servizio sociale nei suoi aspetti teorici e pratici. Evoluzione storica del concetto e dei metodi del servizio sociale,* in *Atti del Convegno per Studi di assistenza sociale*, pp. 21-36. Si veda anche, tra l'altro, il classico Franco Martinelli, *Gli assistenti sociali nella società italiana. Contributo ad una sociologia della professione,* Istisss, Roma 1965.

3. Domenica Gristina, *Aspetti storici di una professione femminile*, in Pierangela Benvenuti, Roberto Segatori, (a cura di), *Professione e genere nel lavoro sociale,* FrancoAngeli, Milano 2000. Notizia riportata a p. 92.

Ma anche a Roma, nel medesimo periodo, per iniziativa di intellettuali, di accademici, di figure eminenti impegnate nelle questioni assistenziali, si osserva un analogo fermento ed è proprio in questo momento storico che vengono gettati i presupposti per la nascita del servizio sociale italiano.

È utile per individuare i momenti salienti e le tappe di questo primo periodo la ricostruzione effettuata nel lontano 1950 dal Comitato italiano di servizio sociale (Ciss) in preparazione della V Conferenza internazionale di Servizio sociale tenutasi poi a Parigi nel luglio dello stesso anno. Il lavoro finale del Comitato ha trovato un ampio spazio nel numero 3 del 1950 della rivista «Assistenza d'Oggi» curata dall'Amministrazione Aiuti Internazionale (Aai).[4]

Nella relazione N. 1, *I problemi attuali del Servizio Sociale,* è proposta un'interessante e ancora valida periodizzazione: si possono distinguere nel nostro paese tre fasi di evoluzione:

- Il periodo che va dal primo dopoguerra (1919) al 1929: periodo contrassegnato da iniziative di carattere volontario filantropico, in cui per la prima volta il personale addestrato mediante corsi accelerati di carattere informativo viene assunto con regolare contratto di impiego per compiti di assistenza sociale nell'industria.
- Il periodo che inizia nel 1929 e si estende fino alla fine della guerra. Tale periodo è caratterizzato: dalla prima scuola a carattere continuativo per assistenti sociali, che assicura una formazione professionale a indirizzo unico (assistenza lavoratori dell'industria); [...]
- Il periodo successivo alla seconda guerra: con la caduta del regime fascista e conseguente scioglimento delle organizzazioni incorporate nella sua struttura [...] si verifica di fatto nella vita nazionale una soluzione di continuità, sia per la difficoltà che incontrano gli elementi professionali preparati nel periodo precedente ad inserirsi nelle nuove istituzioni, sia per i nuovi orientamenti che si vanno delineando nel Servizio sociale, favoriti anche dallo scambio di rapporti con enti e istituzionali.[5]

4. Comitato Italiano di Servizio Sociale (Ciss), *Stato attuale del servizio sociale in Italia e i suoi sviluppi futuri,* in «Assistenza d'Oggi», I (1950), pp. 3-47.

5. Ivi, p. 10.

Paolina Tarugi[6] nel suo intervento a Tremezzo nel 1946, così ricostruisce gli esordi del servizio sociale in Italia: «Il primo esperimento di servizio sociale con carattere professionale fu concretato a Milano nel 1921, ad iniziativa di studiosi e sociologi (fra i quali ricordo i nomi noti e venerati del prof. Luigi Devoto, maestro della medicina del lavoro ed il prof. Gaetano Ronzoni, tisiologo illustre) allo scopo di svolgere fra le maestranze industriali un'azione di operante fraternità per il loro elevamento spirituale ed il miglioramento delle condizioni di vita e di lavoro».[7]

Istanze di emancipazione, di riscatto, di giustizia sociale emergono nei primi decenni del '900 da quella che oggi definiremmo società civile. Non è possibile trattare esaustivamente la pur interessante osmosi tra mondi e settori della società molto attivi nei primi decenni del secolo scorso, ma è interessante osservare come l'allora nascente servizio sociale incrociava, fin dagli inizi del suo percorso, sollecitazioni e spinte che animavano il dibattito dei settori più diversi. Il movimento di emancipazione femminile ha visto un impegno notevole proprio sui temi dell'assistenza, facendone una leva di Archimede per sollevare la faticosa e sottomessa condizione femminile.[8] Anche il settore medico e scientifico che si muoveva attorno alle nuove teorie mostrava non rare contaminazioni con i campi di studio pedagogici e psicologici. Accanto a militanti attive nel richiedere il riconoscimento dei diritti sociali e altresì impegnate a "inventare" e sperimentare nuovi modelli assistenziali, troviamo educatrici che hanno fatto la storia della pedagogia e anche loro attente alle tematiche assistenziali. Accanto a medici illustri che nei loro diari clinici descrivono con efficacia e sensibilità le misere condizioni sociali di larghi strati della società italiana di allora, troviamo letterati che percorrono in lungo e largo le zone rurali organizzando scuole di alfabetizzazione. Non di rado i nomi si ripetono,

6. Su Paolina Tarugi vedi tra l'altro Marilena Dellavalle, *La vita e le opere di Paolina Tarugi*, in *Le origini del servizio sociale italiano*, pp. 183-239.

7. Tarugi, *Il servizio sociale nei suoi aspetti teorici e pratici*, pp. 31 e 32.

8. Tale chiave di lettura ha informato il lavoro di ricerca di alcune studiose che, negli anni 80 e 90, hanno prodotto una serie di studi relativi alla filantropia dei movimenti femminili in Italia alla fine dell'800 e nei primi decenni del '900. In modo incompleto è possibile tuttavia citare: Annarita Buttafuoco, *Le Mariuccine. Storia di un'istituzione laica. L'Asilo Mariuccia,* FrancoAngeli, Milano 1985, 1998[3]; Ead., *Questioni di cittadinanza, donne e diritti sociali nell'Italia liberale*, Protagon, Siena 1997; Ead., *La filantropia come politica. Esperienze dell'emancipazionismo italiano nel Novecento*, in *Ragnatele di rapporti. Patronage e reti di relazioni nella storia delle donne*, a cura di L. Ferrante, M. Palazzi, G. Pomata, Rosenberg & Sellier, Torino 1988, pp. 166-187.

in ogni caso i temi sociali attraversano e movimentano i più diversi campi scientifici e accademici: medico, pedagogico, giuridico et.

Fiorenza Taricone, nel suo ripercorrere le fasi e le caratteristiche dell'associazionismo femminile in Italia nel periodo dall'Unità al Fascismo, si è soffermata sulle caratteristiche pragmatiche e solidaristiche di quell'esperienza. Dopo avere citato i nomi e l'opera delle milanesi Laura Solera Mantegazza, Ersilia Bronzini Majno e descritta l'intensa attività assistenziale dell'Unione femminile, riporta l'affermazione di Giuseppina Lemaire, attiva a Roma, fondatrice di un ambulatorio polivalente per l'infanzia nel quartiere romano di Testaccio, premiata con medaglia d'oro dal ministero della Pubblica istruzione. La Lemaire così distingueva la *carità privata* dalla più efficace ed equa *beneficienza pubblica*:

> [la carità privata] «rintraccia e conforta occultamente le miserie e soccorre guidata dalla pietà; dona solo curando l'effetto immediato del beneficio. Altra cosa deve essere la beneficienza pubblica, che deve prevenire i mali futuri, vincere la miseria distruggendone le cause, non ottenere il vantaggio particolare dell'individuo ma quello generale della società.[9]

È molto interessante questa distinzione e vi si possono scorgere gli elementi cardine di quello che in modo compiuto sarà il lavoro dell'assistente sociale: un aiuto non estemporaneo e riparativo, ma piuttosto un aiuto competente che deve «prevenire i mali futuri», individuare le cause e – passaggio significativo – cercare il vantaggio «generale della società». La Lemaire insieme alla Sibilla Aleramo, a Giovanni Cena e agli intellettuali ed ai letterati della *Nuova Antologia*, era impegnata nelle scuole popolari dell'agro romano e della Calabria.[10] La sua opera di educatrice, certo meno nota della Maria Montessori, la colloca tuttavia nel ricco repertorio di donne che, all'inizio secolo scorso, in modo determinato e lungimirante, oltre che coraggioso, hanno saputo influenzare in modo irreversibile il dibattito culturale e scientifico dell'Italia di quegli anni.

Serena Villani Rimassa, in un testo ormai ritenuto di riferimento per ricostruire le vicende storiche della professione, riporta con precisione al-

9. La frase di Giuseppina Lemaire è tratta da: Fiorenza Taricone, *L'associazionismo femminile in Italia dall'unità al fascismo,* Unicopli, Milano 1996, p. 145.

10. A testimonianza dell'impegno del gruppo di intellettuali della Nuova Antologia, oltre alla bibliografia dedicata, si veda anche: *I problemi della scuola popolare in provincia di Reggio Calabria*, relazione a Francesco Guicciardini di Giuseppina Lemaire, Sibilla Aleramo, Giovanni Cena e Gaetano Salvemini, Nuova Antologia, Roma 1910.

cuni nomi e avvenimenti che ci aiutano a rintracciare almeno una qualche radice storica nei primi decenni del '900, e cita: «Il Consiglio nazionale delle Donne, aderente alla Organizzazione Internazionale delle Donne, collaborava – tramite la propria sezione lombarda – alla creazione in Milano dell'Istituto Italiano per l'Assistenza sociale, sorto nel 1920 e giuridicamente riconosciuto nel 1921».[11]

La Serena Villani Rimassa, inoltre, individua altre interessanti iniziative verificatesi proprio a Roma:

> Nel 1921 sorsero a Roma altre due istituzioni similari, la prima ad opera del Dr. Giani, studioso dei problemi della ricreazione, e la seconda ad opera del Prof. Ettore Levi con il nome di Istituto Italiano di Assistenza Igiene e Previdenza Sociale, ancora oggi in vita con il nome di Istituto di Medicina Sociale.[12]

Questa circostanza è quanto mai significativa e andrebbe meglio studiata, basti dire che i primi contributi concernenti il servizio sociale, non essendoci ancora le riviste di settore, trovano spazio nella rivista «Ricreazione» e nella rivista «Medicina Sociale».

La contiguità tra medicina e servizio sociale non deve stupire. Giorgio Cosmacini, in *Medicina e sanità in Italia nel ventesimo secolo*, spiega molto bene la *vocazione sociale,* della medicina agli inizi del secolo.

> La medicina può agire su larga scala solo facendosi attivatrice e mediatrice dell'impegno politico, attraverso una rinsaldata *vocazione sociale*. Questa vocazione, nella fattispecie, può tradursi in una "andata verso il popolo", in una campagna di educazione e organizzazione igienico-sanitaria indirizzata contro le piaghe della predisposizione morbosa – miseria, mancanza di igiene, alcoolismo – oppure, può identificare le condizioni predisponenti a un livello di causalità più profonda.

Cosmacini prosegue poi riportando un resoconto redatto nel 1906, l'autore è un medico condotto, a parte il linguaggio che forse indulge nell'enfasi del tempo, mostra bene l'attenzione crescente verso gli aspetti sociali, politici e, non di meno, umani e relazionali:

11. Serena Villani Rimassa, *Esperienze di formazione degli operatori sociali negli anni immediatamente precedenti la 2ª guerra mondiale*, in *Materiali per una ricerca storica sulle scuole di Servizio Sociale*, Atti del seminario sulla storia delle scuole di Servizio Sociale in Italia, a.a. 1977-1978, a cura di Bruno Bortoli, Istituto regionale di studi e ricerca sociale, Trento 1980, p. 13.

12. *Ibidem.*

> Ecco qua. Il medico è chiamato nella stamberga di un uomo esausto dalla fatica. Uno sguardo alla scena, poche interrogazioni. Comprende. Ma come riparare? Come contendere alla morte quel povero essere stremato di forze, denutrito da prolungati digiuni, sferzato, anche nel giaciglio doloroso, dalle preoccupazioni più urgenti per la famiglia, che aspetta il pane dal lavoro di due braccia capaci? Come? Il medico – oh! È bene il medico di condotta! – non può ordinare un congruo nutrimento riparatore, vita all'aperto, ecc., soggiorno di riposo e di ristoro. Ogni ordinanza consimile è ironia fischiante. È teoria che si frange e va in cocci davanti alla povertà del – diciamolo pure – cliente. E allora?[13]

Interessante è anche la descrizione della *Via italiana alla lotta antitubercolare* che Cosmacini riporta, così come la racconta Casalini nel 1920, che si potrebbe definire un vero intervento di servizio sociale in ambito sanitario:

> I dispensari assolvono il compito primario di accertare la diagnosi quanto più presto possibile. Poi scoperto il caso occorre studiarlo non in sé, ma nell'ambiente di lavoro, nell'ambiente domestico. Ed ecco che il Dispensario interviene colle indagini, a mezzo di personale addestrato, nella famiglia e nella società. L'azione medica si continua nell'opera sociale del Dispensario. Questo cerca di fare l'educazione igienica dell'ammalato […] lo aiuta fornendogli abitazione migliore, […] lo aiuta nel fornirgli un migliore e più abbondante nutrimento e, finalmente, ove ne sia il caso, lo avvia per tempo ai sanatori![14]

Pochi anni dopo, nel 1928, dall'8 al 13 luglio, si tenne a Parigi la prima Conferenza internazionale di Servizio sociale. Secondo la ricostruzione della Eilers furono ben 5000 i partecipanti provenienti da ogni parte del mondo. L'iniziativa fu del medico belga René Sand e raccolse ben 42 nazioni di ogni continente. In rappresentanza dell'Italia, partecipò ai lavori della Conferenza una delegazione composta da Corrado Gini,[15] Paolina Tarugi,[16] Margherita Grossman.[17]

13. Giorgio Cosmacini, *Medicina e sanità in Italia nel ventesimo secolo, dalla "spagnola" alla 2° guerra mondiale*, Laterza, Bari 1989, p. 41 (il corsivo è mio).

14. Ivi, p. 41.

15. Per una disamina del ruolo che il demografo Corrado Gini ebbe nel periodo fascista si veda tra l'altro Giovanni Favero, *Corrado Gini and Italian Statistics under Fascism*, giugno 2002; http://eh.net/XIIICongress/Papers/Favero.pdf.

16. Per un profilo biografico di Paolina Tarugi oltre al citato Marilena Dellavalle, *Paolina Tarugi*, si veda anche l'inserto Sostoss *Biografie* in «La rivista di Servizio Sociale - Istisss», 4 (2000) e 4 (2001).

17. Villani Rimassa, *Esperienze di formazione degli operatori sociali*.

Da questa conferenza abbiamo la prima definizione di servizio sociale. Così la riporta Paolina Tarugi nella sua già citata relazione al Convegno di Tremezzo del 1946:

> Per assistenza (servizio sociale) si intende ogni sforzo, ogni azione che mira a sollevare le sofferenze provenienti dall'indigenza, allo scopo di rimettere gli individui e le loro famiglie nelle condizioni normali di esistenza, prevenire i flagelli sociali, migliorare le condizioni di esistenza, elevarne il livello di vita e tutto ciò attraverso il servizio sociale dei casi individuali, quello dei casi collettivi, l'azione legislativa e amministrativa della collettività, le ricerche, le inchieste sociali.[18]

La definizione così come la riporta Paolina Tarugi risulta incompleta, manca un passaggio significativo: «Il servizio sociale ingloba, dunque, non solamente l'assistenza, la previdenza e l'azione sociale, ma anche, fino ad un certo punto, l'igiene e l'educazione».[19] Da evidenziare ancora una volta come il nascente servizio sociale (non solo italiano) abbia avuto contaminazioni e osmosi tutt'altro che isolate e occasionali con i campi della medicina e dell'educazione e come queste aree scientifiche siano nel patrimonio genetico della professione di assistente sociale più di quanto normalmente si ritenga.

Forse una conseguenza diretta dell'assise internazionale parigina fu la nascita, nello stesso anno a Roma, della Scuola superiore per assistenti sociali del Partito nazionale fascista a San Gregorio al Celio: fu la prima (e in quel periodo anche l'unica) scuola di servizio sociale. Il primo aspetto da chiarire riguarda il fatto che la scuola sorse a Roma e non a Milano come sarebbe stato naturale, poiché l'iniziativa fu della Confederazione degli Industriali. Il Partito nazionale fascista anche in questo caso mostrò di non tollerare concorrenti nel delicato e strategico campo dell'educazione.

È di nuovo Serena Villani Rimassa ad aiutarci a ricostruire in modo accurato le circostanze nelle quali l'idea della scuola per le assistenti sociali prende forma e si realizza:

18. Tarugi, *Il servizio sociale nei suoi aspetti teorici e pratici*, p. 22.

19. Citazione ripresa da Kerstin Eilers, *Social Policy and Social Work in 1928. The First International Conference of Social Work in Paris Takes Stock*, in Sabine Hering, Berteke Waaldijk (eds.), *History of Social Work in Europe (1900-1960). Female Pioneers and their Influence on the Development of International Social Organizations*, Leske + Budrich, Opladen 2003, p. 121 (la traduzione è mia).

> Allo scopo di assicurare indipendenza politica ad una istituenda scuola di formazione delle Assistenti Sociali, la Confederazione degli Industriali prese subito contatto con la Università Bocconi di Milano, nell'agosto 1928, e diede comunicazione ufficiale dell'iniziativa. Occorre ricordare che la scuola progettata dalla Confederazione degli Industriali con sede a Milano presso l'Università Bocconi e con carattere parauniversitario e i corrispondenti requisiti per l'ammissione e per i programmi di inserimento, fu oggetto di contrasti tra i dirigenti confederali e i gerarchi del regime allora dominante, i quali intendevano ricondurre ogni attività alla prima meritoria iniziativa.[20]

Inevitabilmente, dato il clima politico, la Scuola sorse nel 1928 come Scuola Superiore 'Fascista' di Assistenza Sociale, emanazione diretta del Partito, ed ebbe sede a Roma nel Convento di San Gregorio al Celio, già proprietà del Camaldolesi fino al 1870 e successivamente dello Stato. Bisogna riconoscere che la Confederazione degli Industriali seppure costretta a cedere alle pressioni politiche mantenne di fatto l'iniziativa sottraendola per quanto possibile alle influenze delle gerarchie fasciste. L'impianto, l'arredamento scolastico e tutto quanto necessario ad un Convitto femminile di circa 40 allieve furono assunti a carico della Confederazione degli Industriali, che provvide anche in esclusiva alla gestione della Scuola dall'inizio al 1935.[21]

Il giudizio di Franco Ferrarotti in merito a questo periodo e alla scuola fascista non è certo lusinghiero

> È chiaro peraltro che si tratta, nel migliore dei casi, di preistoria. Un orientamento ideologico negatore per principio della possibilità di una libera scelta fra alternative razionali, sostanzialmente conservatore dietro la facciata di una presunta convergenza di interessi, la mancanza di metodologie professionali specifiche, sia d'accertamento che di intervento, l'assenza di criteri rigorosi nella formazione dei futuri assistenti sociali e nelle qualifiche scolastiche di partenza richieste, non consentono in alcun modo di porre sullo stesso piano

20. Per capire la natura dei contrasti è sempre la Villani Rimassa a citare lo scritto del Dr. Gobbi, responsabile dell'Ufficio centrale di assistenza della Confederazione degli Industriali, che sottolinea «l'opportunità che l'assistente (fosse) per le particolari esigenze e la delicatezza del servizio interno aziendale, sottratta agli organi politici del partito dominante e si (configurasse) come persona di fiducia del lavoratore con garanzie di riservatezza assoluta sia nei confronti politici che delle stesse gerarchie aziendali». Villani Rimassa, *Esperienze di formazione degli operatori sociali*, p. 16.

21. Ivi, pp. 17 e 18.

la Scuola di servizio sociale organizzata durante il fascismo e le scuole che, l'indomani della Liberazione, sono sorte in Italia.[22]

L'eredità dell'unica scuola fascista era decisamente ingombrante e le protagoniste dell'assistenza nell'immediato dopoguerra avevano fretta di recidere ogni possibile legame con quell'esperienza. Le "scuole nuove" – come vennero chiamate – non dovevano avere niente a che fare con un modello formativo autoritario, acritico, tecnicistico e fortemente burocratizzato.

Maria Comandini Calogero al Convegno di Tremezzo descrive nella sua relazione l'esperienza delle assistenti sociali di fabbrica nell'era fascista, proprio con l'intento di circoscriverla e di relegarla in un capitolo superato:

> A me basta accennare, rapidamente all'unica scuola di questo genere che nel 1928 (se sono bene informata) sorse a Roma (a San Gregorio al Celio) sotto l'egida del P.N.F. (era una delle tre scuole di partito: puericultura, economia domestica, assistenza sociale), e finanziata dalla Confederazione degli industriali, ai quali era riservata una parte importante nell'andamento delle scuole stesse. Tralasciando completamente i programmi poverissimi, e quasi inesistenti per quanto riguarda la preparazione storica e culturale in genere, e la stessa organizzazione affatto gerarchica della scuola (e per questo lato potrebbe fare velo alla nostra obiettività la intrusione di elementi di politica contingente), è forse più utile ed efficace dare un'occhiata alla statistica di tale assistenza sociale, e cioè ai risultati ottenuti da quella scuola, esaminando per esempio, l'opera dei 273 fra assistenti sociali di fabbrica e loro aiutanti nel 2° semestre del 1941. [...] E anche più interessante è il confronto in base ai dati statistici, delle varie attività: 209064 certificati, 122631 corrispondenze di uffici e 84141 stesure di domande e certificati assegnano già ad ognuna del 273 assistenti sociali di fabbrica e aiuti – assistenti quasi 1900 prestazione in un semestre, e cioè oltre 10 prestazioni al giorno di questo tipo: prestazioni che certamente esaurivano tutta l'attività delle assistenti sociali di fabbrica. È questa l'assistenza sociale, di cui abbiamo parlato?[23]

22. Ferrarotti, *Servizio sociale e enti pubblici*, p. 9.

23. Maria Calogero, *Necessità di una cultura storico-umanistica per la formazione dell'assistente sociale in Italia: problemi di democrazia e di collaborazione civica*, in *Atti del Convegno per Studi di assistenza sociale*, p. 619.

Questo passaggio della relazione della Calogero susciterà una vivace polemica nello spazio del dibattito con Rosetta Stasi, diplomatasi alla scuola del Celio, che difese l'operato delle assistenti sociali di fabbrica.[24]

Maria Calogero le rispose così: «La Sig.na Stasi ha voluto fare una difesa delle assistenti sociali, ma io tengo a dichiararle che non ho creduto nella mia relazione di disconoscere l'opera delle assistenti sociali di altre scuole». Maria Calogero non voleva polemizzare con la Stasi, ma non per questo rinunciava a ribadire la sua posizione:

> Noi non possiamo con quelle scuole condividerne i programmi, ma purtuttavia non vogliamo disconoscere che molte assistenti sociali si sono comportate con valore nell'esplicazione della loro opera. Il problema oggi è quello della preparazione professionale, è quello di insegnare ad un certo numero di persone e di migliorarle portandole ad un piano superiore nei confronti delle altre.[25]

La Villani Rimassa ricostruisce gli esiti di questa attività, precisando:

> nel 1941 le sedi di Servizio Sociale di fabbrica di capoluogo di Provincia erano sessantasette, in centri non capoluoghi di provincia ventuno, con un totale di ottantotto e che, ad essi, in totale, risultavano assegnate 273 Assistenti Sociali e 75 impiegati. Le aziende industriali servite: 1279.
> Nel 1943, al momento dello scioglimento delle Confederazioni, le assistenti Sociali di fabbrica erano circa 350 e gli stabilimenti serviti oltre 1300. Ciò pone chiaramente in evidenza come le prestazioni professionali dell'assistente Sociale, svolgendosi prevalentemente a tempo parziale presso le singole aziende, dovessero necessariamente limitarsi ad alcuni problemi degli assistiti.[26]

La Scuola fascista terminò la sua attività nel 1943, dopo 15 corsi durante i quali ottennero il diploma di Assistente sociale circa 500 allieve.

24. Questa piccola polemica, oltre che tra le righe del resoconto del dibattito pubblicato negli atti del convegno, emerge dagli atti del 1° Convegno nazionale Assistenti sociali, tenutosi a Roma dal 27 al 30 maggio 1948. Si veda in particolare la relazione di Rosetta Stasi.

25. Risposta alla Dr.ssa Stasi, dattiloscritto Convegno 3ª settimana – 3ª giornata – mercoledì, 2 ottobre 1946, archivio Laura Calogero Sasso (Alcs), busta manoscritti pubblicati MC.

26. Villani Rimassa, *Esperienze di formazione degli operatori sociali*, p. 22. Vedi anche Nicoletta Stradi, *Appunti per una storia del servizio sociale di fabbrica in Italia*, in «La rivista di Servizio Sociale - Istisss», XLII/1 (marzo 2002); Nicoletta Stradi, *Per una storia del servizio sociale di fabbrica in Italia*, in «La rivista di Servizio Sociale - Istisss», XLI/4 (dicembre 2001), pp. 3-20.

2. «Resistere e preparare il dopo». Odile Vallin e la Scuola pratica di servizio sociale di Milano (1944-1950)

La Scuola pratica di servizio sociale di Via Mercalli di Milano fu la prima delle cosiddette "scuole nuove" di servizio sociale e sorse nei mesi drammatici e decisivi della fine del secondo conflitto mondiale.[1] Il primo corso clandestino iniziò nell'ottobre del 1944. La storia dei suoi primi anni di vita è, in un certo senso, paradigmatica di quel fenomeno che vide, in pochi mesi, il sorgere in Italia di realtà formative diverse tra loro, nuove e accomunate dalla medesima radice resistenziale.[2]

Odile Vallin giunge all'Opera Cardinal Ferrari alla fine del 1943, aveva poco più di 30 anni e non conosceva niente della realtà italiana. All'inizio del 1944, i pesanti bombardamenti sulla città di Milano spingono i dirigenti dell'opera a decidere l'evacuazione della sede di Via Mercalli. Maria La Lomia ricorda che con Odile Vallin ed altri sfollarono

1. Alcuni autori ritengono che la prima scuola di servizio sociale a sorgere nel dopoguerra fosse la Scuola dell'ONARMO (Opera nazionale per l'assistenza religiosa e morale agli operai) a Roma in Via di San Gregorio al Celio. Cfr. Tina Bosco, *Le origini e le vicende delle Scuole di Servizio Sociale del gruppo ONARMO*, in *Materiali per una ricerca storica sulle scuole di Servizio Sociale*, p. 46. In realtà sia i documenti d'archivio, sia le testimonianze a riguardo spingono a dire senza esitazione che fu la scuola di Via Mercalli la prima a sorgere nel dopoguerra, anche senza considerare il periodo clandestino. Vedi quanto afferma de Menasce a p. 178 nel testo riportato da Elda Fiorentino Busnelli, *Giovanni de Menasce. La nascita del servizio sociale in Italia,* Studium, Roma 2000.

2. Una prima esatta ricostruzione della vicenda è stata possibile grazie ai documenti del fondo della segreteria della Presidenza dell'Amministrazione per gli Aiuti Internazionali conservati presso l'Archivio Centrale dello Stato, per indicare questo fondo d'archivio d'ora in poi la sigla ACS, MI, AAI; ci si è potuti avvalere molto fruttuosamente, inoltre, delle conversazioni con Odile Vallin, Maria La Lomia, Lucia Corti Marsan, ed altri testimoni privilegiati del periodo e delle testimonianze di Milena Lerma.

in un albergo situato in una località vicino Varese. Fu quella l'occasione in cui le due donne si conobbero e subito stabilirono un legame fra loro. La Vallin raccontò la sua esperienza francese e fu la prima volta che Maria La Lomia sentì parlare della figura dell'assistente sociale. A riguardo conviene sottolineare che proprio a Milano già operavano le assistenti sociali di fabbrica, e questa esperienza professionale durava ormai da qualche decennio.

Evidentemente le conversazioni con Odile Vallin convinsero la giovane responsabile La Lomia della assoluta novità, oltre che necessità, di una assistente sociale che si delineava con un profilo e con caratteristiche molto diversi dalle assistenti sociali di fabbrica.

Ma chi era Odile Vallin, questa figura la cui opera Molino definisce «competente e appassionata»? Lucia Corti Ajmone Marsan, che ha conosciuto la Vallin negli anni di Milano, parla di lei con «profonda ammirazione» e la descrive come una persona «riservatissima».[3] Questo tratto del carattere di Odile Vallin, confermato da diverse e preziose testimonianze,[4] spiega perché l'importanza di questa figura, davvero non secondaria nella storia del servizio sociale, sia potuta restare per tanto tempo nell'ombra.[5]

Ricostruire gli anni della formazione delle scuole di servizio sociale significa, almeno in parte, esaminare la figura di questa donna intelligente e fine, che ha segnato profondamente in quegli anni le scuole di servizio sociale.

Odile Vallin nasce in Francia a Le Havre il 10 dicembre del 1914 e muore a Milano 9 gennaio 2008. La sua vita ha conosciuto un'infanzia dolorosa e difficile, «che sembra essere uscita da una fiaba» dopo la morte della madre avvenuta troppo presto.

La piccola Odile crescerà con degli zii.[6] Studia alla Sorbona dove si laurea in Filosofia, si diploma assistente sociale a Parigi, in una scuola protestante, all'Ecole Pratique du Service Social de Montparnasse (è lo stesso nome che, tradotto, sarà della scuola milanese). Quella di Parigi è la

3. Conversazione dell'autrice con Lucia Corti Ajmone Marsan.

4. Oltre alla conoscenza personale mi riferisco alle testimonianze di Milena Cortigiani e di Carmen Pagani.

5. Per una ricostruzione biografica di Odile Vallin si vedano i contributi di Alba Canali, Milena Lerma, Milena Cortigiani e Carmen Pagani nella sezione *Odile Vallin. Pioniera del nuovo servizio sociale italiano*, in *Le origini del servizio sociale Italiano*, pp. 243-291.

6. Conversazione dell'autrice con Odile Vallin.

stessa scuola frequentata da una altra famosa assistente sociale francese: Madeleine Delbrêl.[7]

Nella sua esperienza personale e professionale Odile Vallin ha conosciuto momenti difficili di non comprensione, ma è evidente il ruolo da lei svolto in questi primi anni. Non solo fondò e diresse per cinque anni la Scuola di Milano, ma ispirò la nascita di svariate scuole di servizio sociale sul territorio italiano. Infine fondò la Scuola per Religiose di Roma nel 1950.[8]

Quando nell'autunno del 1944 la scuola della Vallin iniziava i suoi corsi, la città di Milano stava attraversando un periodo drammatico della sua storia. Nel pieno del conflitto bellico, l'Italia era divisa in due, la parte settentrionale era occupata dai tedeschi e la città di Milano era dilaniata e sconvolta dai bombardamenti. Una pagina descrittiva intensa, dal forte impatto emotivo la traiamo dalle parole inedite di una testimone privilegiata di allora. Un dattiloscritto di Lucia Corti Marsan ricostruisce quelle giornate dolorose, ma cariche di speranza. L'attività assistenziale e resistenziale, l'impegno civile, politico e quello operativo a sostegno delle popolazioni si intrecciano. È quel "doloroso tirocinio" che ha segnato in modo indelebile la generazione di protagoniste dell'allora nascente servizio sociale.

> A Milano, settembre '44: Lisetta giovanissima, incinta, è in carcere a San Vittore, dove i detenuti sono a rischio continuo; con lei una giovane amica nelle medesime condizioni. Una retata della polizia fascista aveva portato "dentro" un gruppo di donne illustri di Milano, tra queste Fernanda Wittgens, poi splendida direttrice della Pinacoteca di Brera, e Adele Cappelli Vegni, anziana ginecologa antifascista attiva, cattolica: essa istruì le due giovani donne a mettere in atto un aborto finto (complice la conserva di pomodoro) e, complice il medico del carcere femminile, esse vennero trasportate d'urgenza e piantonate alla Maternità di via Commenda. Si poté comunicare con loro perché fossero pronte, a un'ora concordata, vestite e con le scarpe, sotto le coperte, evidentemente complice il personale della corsia delle donne degenti.

7. Madeleine Delbrêl (1904-1964) è una delle maggiori figure spirituali del ventesimo secolo. Assistente sociale e formatrice ha operato nella periferia parigina di Ivry in uno dei periodi storici più drammatici del '900. Nel volume 3 dell'opera omnia sono stati pubblicati i suoi scritti professionali: Madeleine Delbrêl, *Professione assistente sociale,* Presentazione di Andrea Riccardi, Gribaudi, Milano 2014.

8. La scuola di servizio sociale per religiose si colloca come un'esperienza originale e un aspetto che la distinse, oltre ad essere ben organizzata e molto valida sul piano didattico, fu di essere una delle scuole "indipendenti" non aderendo né all'Onarmo, né all'Ensiss.

È un G. A. P. Guidato da Gigliola, indimenticabile audace amica militante di molteplici imprese, messi contro il muro i piantoni, le rapì e le portò in salvo. Grande festa quella sera!
L'inverno 44-45 si annunciò cupo, dopo il laconico comunicato del generale Alexander: "la guerra continua". La guerra continuava, su tutti i fronti, aspra e sanguinosa. La popolazione era provata dal freddo, dalle requisizioni di viveri che portavano alla fame, dalle rappresaglie feroci. È un ricordo realistico il mio, quando ora penso a Milano, in quell'inverno mi pare che fosse sempre buio, anche a mezzogiorno.
Violenza, perdite preziose, famiglie nel lutto. Più viva però, esasperata, tra le donne, la coscienza dei compiti del momento e degli obiettivi finali: la pace, il pane e poi la partecipazione al lavoro per un paese più giusto e felice.
E la fine si avvicinava e forse la vittoria. I prezzi erano ancora altissimi. I tedeschi e i repubblichini sfogavano nella violenza la loro paura. Un giorno con emozione sentimmo lontani i cannoni. Un amico ci disse: "ragazze: ci siamo" raccomandandoci i posti di pronto soccorso e assistenza in caso di combattimenti in città.
Ormai per le strade c'era un silenzio drammatico di tensione e di attesa. Pareva che i milanesi camminassero in punta di piedi e si parlassero solo con gli occhi. Anche noi comprimevamo, dentro di noi, le emozioni, ripetendosi come tante volte: resistere e preparare il dopo. Uomini e donne, in quei mesi bui ci eravamo conosciuti e voluti bene, nel lavoro, nel pericolo, nella speranza; eppure le norme cospirative ci impedivano di abbandonarci a confidenze personali. Io ero "Nina" e basta. Ci sosteneva il senso di fraternità e lealtà alimentato da valori comuni, al di là di distinzione di fede o di parte. Certamente le distinzioni esistevano, forse nelle direzioni di partito c'erano divergenze, desideri di preminenza i calcoli strumentalizzanti sulle cosiddette "masse femminili". Oggi questa può essere materia di esame e di ripensamento critico per i politici e gli storici.
La notte del 24-25 aprile la passai con il CLN di Milano riunito per l'ultima volta nella sede clandestina. Io vi rappresentavo i GDD unitari. Le cariche cittadine erano assegnate da tempo: Antonio Greppi, socialista, sindaco di Milano. Riccardo Lombardi, PdA, prefetto e via dicendo. Il mattino dopo il CLN occupò il palazzo municipale e la folla si radunò in Piazza Scala. Dal balcone del palazzo i rappresentanti dei singoli partiti del CLN parlarono ai milanesi della fine imminente della guerra, della cacciata dei Tedeschi, del contributo della C.V.L. alla vittoria degli alleati. Tra di loro io ero l'unica donna, non avevo mai parlato da un balcone, ma con le ginocchia che tremavano, sostenuta da una compagna, mi affacciai al balcone e parlai: volevo che il lavoro e la presenza delle donne fossero conosciuti, desideravo condividere con gli uomini e le donne di Milano la gioia della pace e dire quanto ci si aspettava

ancora da ognuno di noi: dovevamo incominciare a lavorare nella pace, per la pace. Detti un appuntamento per il mattino seguente in Piazza Duomo. E i milanesi e le milanesi non mancarono!
In alcune parti della città si sparava ancora, i fascisti gettavano le armi e le divise, i tedeschi si ritiravano impassibili, arrivavano le prime jeep degli alleati. Subito le donne affrontarono i problemi più gravi. Erano pochi giorni dalla liberazione ovunque sorsero innumerevoli iniziative. Ci nacque tra le mani il CARG, il Centro Assistenza per i reduci che affluivano dai campi di concentramento della Germania e i prigionieri dei vari campi di prigionia. Furono solo donne ad animarlo; eravamo incoraggiate dal sindaco, ci fu offerto il riconoscimento del CLNAI, ma fummo sostenute soprattutto dalla città stessa.
Ricordo il senso di felice meraviglia, quasi di sbigottimento di fronte alla generosità, alla spontaneità, all'ingegnosità che dilagava in ogni settore della vita milanese per l'organizzazione dei servizi e la raccolta di fondi. In ogni cortile popolare i milanesi festeggiavano la fine della guerra e il ritorno dei prigionieri era un'esplosione di ritrovata felicità, la sera ballavano e cantavano, le donne facevano la colletta e portavano tutto al nostro Centro. Il Dazio del Comune ci consegnava burro, pane bianco, carne sequestrati alla borsa nera. Per i reduci e le loro famiglie erano aperte mense, ospedali, sanatori. Bastava lanciare un messaggio e affluivano indumenti, coperte, medicinali. Non dimenticherò mai quella entusiastica partecipazione popolare alla Liberazione. Tutto quello che serviva lo si realizzava in un attimo: per un momento, allora, tutto ci parve possibile! [9]

«Resistere e preparare il dopo», questa frase di Lucia Corti Marsan, può riassumere l'urgenza e insieme la lungimiranza dell'esperienza formativa milanese. In una Milano nella quale sembrava buio anche a mezzogiorno bisognava "inventare" il futuro.

All'inizio del 1944 la sede di Via Mercalli della stessa Opera Cardinal Ferrari era stata pesantemente danneggiata.[10] In quei mesi l'impegno assistenziale dell'Opera si confonde e si sviluppa accanto all'impegno per la resistenza. Aiutare gli ebrei, i partigiani e i perseguitati politici era tutt'uno con l'impegno assistenziale a favore dei profughi, donne, uomini e bambini vittime del conflitto che cercavano riparo e aiuto.

9. Dattiloscritto di Lucia Corti Ajmone Marsan, Alle origini del movimento politico delle donne nel dopoguerra i gruppi di difesa della donna e per l'aiuto ai combattenti della libertà. 12 aprile 1996 Roma. Copia presso l'Autrice.

10. Per ricostruire il periodo e il contesto nel quale sorse la scuola di Milano mi sono avvalsa della preziosa testimonianza di Maria La Lomia e di Milena Lerma.

Don Paolo Liggeri, direttore dell'Istituto "La Casa" di Milano e dell'Istituto "Cardinal Ferrari", fu arrestato una mattina di marzo del 1944 e deportato a Dachau proprio perché accusato di aver dato rifugio a perseguitati, ebrei, politici e partigiani.[11]

Infatti, l'Istituto da lui diretto svolgeva nella Milano occupata dai nazisti un'importante opera di assistenza e di resistenza. A questo riguardo è utile riportare quanto ha scritto Roberto Angeli:

> Il sacerdote più conosciuto del campo [è il campo di concentramento di Dachau] era Don Paolo Liggeri, già direttore dell'Opera Card. Ferrari a Milano. L'istituto che egli dirigeva era come un porto di salvezza, vi si rifugiavano ebrei, uomini politici, partigiani. Vi si rifugiavano e poi trovavano pronta la catena dei collegamenti e degli stratagemmi che doveva condurli in salvo.
> L'opera era anche un centro preziosissimo di informazioni. Alcune radio sempre in funzione giorno e notte captavano le notizie dei prigionieri di guerra trasmesse dal Vaticano, dalla Croce Rossa, dagli stati esteri; ed una precisa, rapidissima organizzazione faceva giungere alle famiglie, coi mezzi più impensati, le notizie dei cari lontani. Anche don Paolo Liggeri era giovane ed energico ed affrontava i rischi con stile scanzonato. Polizia tedesca e repubblichina avevano fatto irruzione nell'istituto una mattina di marzo ed avevano arrestato lui mentre si avviava a celebrare la Messa, insieme ad alcuni suoi collaboratori e ad un centinaio di rifugiati.[12]

Mentre Don Paolo è a Dachau "La Casa" non interrompe la sua opera assistenziale, l'Italia è ancora divisa in due, Milano è occupata dalle truppe naziste. I problemi della guerra, della fame, delle persone allo sbando, si ponevano in tutta la loro gravità. Si costatò l'urgente necessità di insegnare alle giovani quelle nozioni variamente tecniche, che le mettessero in grado di affrontare meglio i problemi più gravi con i quali esse venivano a trovarsi a contatto.

Ma non era solo l'emergenza del momento a fare decidere Maria La Lomia a sperimentare un primo corso per questa figura professionale "sco-

11. Don Paolo Liggeri, nato ad Augusta (Siracusa) il 12 agosto 1911, direttore dell'Istituto "La Casa" di Milano e dell'Istituto "Cardinal Ferrari", arrestato a Milano il 24 marzo 1944, Accusato di aver dato rifugio a perseguitati, ebrei, politici e partigiani, fu liberato il 29 aprile 1945. Cfr. Federico Cereja, (a cura di), *Religiosi nei lager*, FrancoAngeli, Milano 1999; Paolo Liggeri, *Triangolo Rosso. Dalle carceri milanesi di San Vittore ai campi di concentramento e di eliminazione di Fossoli, Bolzano, Mauthausen, Gusen, Dachau: marzo 1944-maggio 1945*, Istituto La Casa, Milano 1946.

12. Roberto Angeli, *Vangelo nei lager*, La Nuova Italia, Firenze 1964, p. 80.

nosciuta" in Italia. Iniziare un corso clandestino significava esporre le ragazze e l'Opera a dei rischi, e le ragioni della scelta di dare avvio a questo esperimento vanno ricercate proprio nel clima che si viveva allora a Milano, e nel resto dell'Italia.

Negli ambienti cattolici e laici impegnati era presente una forte tensione al "dopo": al dopoguerra, al periodo della ricostruzione. L'idea era che bisognava prepararsi. Significativamente Maria La Lomia ricorda che nello stesso periodo frequentava diversi corsi clandestini all'Università Cattolica di Milano sui temi della democrazia, della libertà ecc.

È in questo contesto e in questa sensibilità che va collocata la nascita del primo corso diretto proprio da Odile Vallin alla fine del 1944. Il primo corso è clandestino e, viste le condizioni storiche di allora, non poteva essere altrimenti.

Questa connotazione antifascista dell'impegno della Vallin non va sottovalutata per comprendere anche la sua impostazione culturale. Il primo corso che organizzò – si è detto – era clandestino, durante l'occupazione tedesca, in un Istituto il cui direttore era stato deportato per l'aiuto prestato ai partigiani e agli ebrei.

La sofferenza che ella stessa aveva subito nella sua infanzia, il ricordo della guerra e delle privazioni ad essa collegate, lo strazio delle deportazioni, il dolore della gente, la fame, lasciarono un segno profondo nella sua esperienza personale. Fu, se si può dire, una "formazione" che determinò il suo atteggiamento definitivo anche sul piano della impostazione professionale.

Questi primi anni, tanto legati alla tragedia del conflitto e alla esperienza della resistenza, lasceranno una forte impressione sulla Vallin e su quella generazione di persone che con lei contribuiranno alla nascita delle "scuole nuove".

La prima testimonianza della Scuola pratica di servizio sociale di Milano, fondata da Odile Vallin, la troviamo nel *Diario Partigiano* di Ada Gobetti. In una annotazione del 20 dicembre 1944 del suo Diario, Ada Gobetti riferisce di alcune sue conversazioni con Lucia Corti Marsan che le ha mostrato il programma di «certi corsi di preparazione sociale tenuti dall'Opera Cardinal Ferrari». Scrive Ada Gobetti:

> Sono stata una settimana a Milano, e spero non inutilmente. Ho visto un mucchio di gente e ho fatto un numero infinito di passi. Ho avuto varie conversazioni interessanti con Lucia Corti a proposito dell'assistenza. Ella dice – e assai giustamente mi pare – che per attivizzare le donne, e non soltanto sterilmente agitarle, bisogna interessarle al lavoro sociale, a cui, d'altra parte

> sono istintivamente portate. M'ha fatto vedere il programma di certi corsi di preparazione sociale tenuti dall'Opera Cardinal Ferrari; evidentemente la chiesa cattolica, che ha in questo campo una vasta e lunga esperienza, ha capito quale dovrà essere domani il lavoro tra le donne. Perché non potremmo fare anche noi qualcosa di analogo, infrangendo così l'ormai secolare monopolio cattolico e vaticano dell'assistenza? Certo ci manca la preparazione e l'esperienza; ma bisogna pur cominciare, un momento o l'altro! – È con questo genere di lavoro che le nostre organizzazioni femminili dovrebbero farsi le ossa! – ha ripetuto più volte. E son perfettamente d'accordo con lei. Ma temo che, finché non sarà finita la battaglia, non riusciremo a impostare come vorremmo questo genere di lavoro.[13]

È molto significativo che due donne molto impegnate nella resistenza nel nord d'Italia in uno dei momenti più delicati e drammatici dell'occupazione tedesca si fermino a parlare, a «conversare a proposito dell'assistenza».

Un ulteriore documento che segnala l'avvenuta nascita della scuola è un appunto del 26 marzo 1947, a firma di Giorgio Molino: si tratta di un elenco di tutte le Scuole di Assistenza Sociale esistenti, o per lo meno di cui egli era a conoscenza, con l'aggiunta di qualche breve cenno illustrativo.[14]

Giorgio Molino, collaboratore di Lodovico Montini e capo servizio assistenza dell'allora Delegazione del Governo italiano presso l'UNRRA (United Nations Relief and Rehabilitation Administration), fu una figura chiave nel rapporto tra l'Amministrazione per gli Aiuti Internazionali e il mondo del servizio sociale.

L'elenco predisposto da Giorgio Molino riveste una certa importanza perché è il primo fedele ritratto delle scuole allora esistenti e, anche se in

13. Ada Gobetti, *Diario partigiano,* Einaudi, Torino 1996, I edizione 1956, p. 284. Non è possibile tratteggiare, neppure brevemente, la figura di Ada Gobetti e il suo ruolo nella resistenza nel nord d'Italia, nelle lotte femminili o nella sua attività politica nel Partito d'Azione. Tuttavia va evidenziata la sua presenza tutt'altro che marginale nel dibattito di allora sui temi dell'assistenza. Si segnala il suo contributo, ad esempio, al Convegno per Studi di assistenza sociale di Tremezzo: vi partecipò molto attivamente, oltre che nei dibattiti molto intensi, con una relazione che non mancò di suscitare una certa reazione. Cfr. Minuta della lettera di Maria Comandini a Ada Gobetti, senza data, Archivio Personale di Maria Comandini Calogero (AMC).

14. Appunto di Giorgio Molino per Claudio Chiodelli, del 26 marzo1947, ACS, MI, AAI, b. n. 181, fasc. scheda n. pr. 37 Questo documento si colloca cronologicamente negli stessi giorni nei quali si discuteva il progetto educativo dal Comitato di Controllo per il Fondo Lire. Questo progetto prevedeva lo stanziamento di più 440 milioni di lire per finanziare le Scuole e per favorire l'inserimento lavorativo degli assistenti sociali diplomati.

modo scarno, riporta notizie interessanti su di un periodo estremamente fecondo, nel quale, da ambienti e sensibilità diverse, collegati tra loro solo parzialmente, le scuole assumevano la loro fisionomia, per certi aspetti simile, ma anche originale.

La prima esperienza formativa ad essere citata nel documento è, non a caso, proprio quella di Milano. Segue una sua breve descrizione, ben documentata, che fa trasparire una valutazione più che positiva di questa esperienza. Si riporta per esteso la citazione così come la troviamo nel documento:

> La prima Scuola a sorgere nell'autunno del '44 a Milano fu la SCUOLA PRATICA DI ASSISTENZA SOCIALE. L'iniziativa è merito della Cia di S. Paolo sostenuta dall'Opera Cardinal Ferrari, la quale fin dal suo inizio ne sostiene l'attività fornendo i mezzi indispensabili come i locali, i mobili, fino a stipendiare il personale direttivo.
> Questo contributo che è stato per la 'Cardinal Ferrari' un sacrificio economico rilevante dato che i suoi proventi provengono come è noto esclusivamente da erogazioni beneficiarie di Enti o privati, non potrebbe estendersi più oltre.
> La Scuola necessita di un adeguato aiuto finanziario che le permetta di estendere e potenziare la sua attività. – *La direzione della Scuola è affidata alla competente ed appassionata opera della dottoressa Vallin.*
> Mentre la Scuola si formava nel '44 con uno Statuto a carattere sperimentale, negli anni 45-46 essa ha perfezionato costantemente il suo funzionamento. Oggi dispone di un adeguato programma di insegnamento teorico e pratico, regolato da uno Statuto (cfr. allegato) che definisce chiaramente in 22 articoli le finalità ed il concetto informativo della Scuola che si ispira alla Dottrina Cristiana.
> Parallelamente al programma educativo la Scuola ha alcune iniziative di importanza ed utilità rilevanti. Intende istituire un pensionato per le alunne che frequentano la Scuola; fondare un ufficio di documentazione sociale che raccolga una biblioteca e dia la possibilità di ottenere indicazioni generali sul Servizio Sociale; raccogliere un fondo di solidarietà tra le alunne e ex alunne della Scuola.[15]

È possibile sostenere, con un certo fondamento, che quella della Vallin fosse considerata dai giovani funzionari dell'AAI come una sorta di model-

15. Appunto di Giorgio Molino per il dott. Claudio Chiodelli, del 26.3.1947, ACS MI, AAI b.181fasc. Scheda n. pr. 37. Le sottolineature sono del documento, il corsivo è mio.

lo di scuola di servizio sociale. È significativo che lo statuto della Scuola di Via Mercalli sia l'unico ad essere allegato alla relazione.[16]

Un ulteriore prezioso documento aiuta a ricostruire esattamente le vicende che interessarono la Scuola pratica di servizio sociale negli anni 1945-1950. Si tratta di una relazione curata dalla direzione della Scuola Pratica, collocabile cronologicamente alla fine del 1950. Tale documento ricostruisce i primi anni della scuola, ed è particolarmente interessante il fatto che esso sia ad opera degli stessi protagonisti degli anni descritti. Si legge nel documento:

> Durante l'inverno 1944-45, l'Istituto "La Casa" fondato da Don Paolo Liggeri deportato a Dachau per la sua attività a favore dei perseguitati politici e razziali continuava la sua opera di assistenza alle famiglie dei profughi e dei sinistrati. La Direttrice dell'Ufficio Assistenza dell'Istituto, Dott.ssa Maria La Lomia vide l'urgente necessità di insegnare alle giovani studentesse che davano volontariamente la loro opera nel lavoro assistenziale alcune nozioni sui problemi più gravi con i quali esse si trovavano a contatto.

La Dott.ssa La Lomia aveva sentito la Dott.ssa Odile Vallin Assistente Sociale, diplomata a Parigi e oggi Direttrice della Scuola Pratica di Servizio Sociale, parlare dello sviluppo fiorente delle Scuole di Servizio Sociale all'estero e si era persuasa della loro utilità. [17]

All'indomani del periodo fascista e bellico le nuove scuole tendevano a differenziarsi da quella esperienza. Negli anni del dopoguerra, tra le fondatrici delle nuove scuole, la Vallin tra loro, c'era fretta di considerare quella esperienza chiusa e limitata. In particolare Maria Calogero al convegno di Tremezzo, nella sua valida relazione cerca di circoscrivere, come molto limitata, l'esperienza delle assistenti sociali di fabbrica fasciste.[18]

16. Allegato ad Appunto di Giorgio Molino per il dott. Claudio Chiodelli, del 26.3.1947, Acs, Mi, Aai, b. 181, fasc. Scheda n. pr. 37.

17. Relazione dell'Ente nazionale per le Scuole italiane di servizio sociale. La scuola Pratica di assistenza sociale di Milano – Direttrice Dott.ssa Odile Vallin, Acs, Mi, Aai, busta n. 55. Non è indicato l'autore e la data, ma si può ritenere giustificatamente che lo scritto sia stato redatto dall'allora direttrice Vallin alla fine del 1950. Nella stessa relazione è conservato un altro dattiloscritto a cura della direzione che fa una cronistoria degli anni 1945-1950, forse a cura della direttrice di allora Alba Canali.

18. L'intervento della Maria Calogero Comandini al Convegno di Tremezzo suscitò una reazione polemica di Rosetta Stasi che presentò un'interpellanza. Questa polemica è indicativa del clima del periodo e delle difficoltà che avevano le fondatrici delle "scuole nuove" a proporre un'idea nuova e del tutto moderna di assistente sociale. Cfr. Calogero,

Questa esigenza, pur comprensibile storicamente, ha fatto sì che anche nei tentativi di lettura successivi, si è teso a vedere l'esperienza del periodo fascista come un fatto, oltreché negativo, circoscritto e soprattutto concluso, con ripercussioni molto limitate sul futuro del servizio sociale.

La realtà non era stata esattamente questa. Nel convegno di Tremezzo fu la stessa Odile Vallin a riportare il dato di 500 assistenti sociali diplomate in 20 anni in Italia. Poche rispetto alle 10 mila diplomate nello stesso periodo in Inghilterra, o alle 6 mila diplomate in Belgio, o alle 7 mila in Francia.[19]

Quello numerico, poi, non era che un aspetto marginale dell'eredità lasciata dalla scuola fascista. Ritroveremo molti nomi, nella direzione delle scuole e nel mondo dell'assistenza che negli anni del ventennio si erano formate. Accanto a persone che avevano alle spalle un curriculum di tutto rispetto, ne troviamo altre che difendono un certo tipo di impostazione molto burocratizzata. A testimonianza della difficoltà di proporre una nuova impostazione del ruolo dell'assistente sociale si cita quanto proprio la Direzione della Scuola Pratica segnala nella relazione sui suoi primi anni di vita:

> Esiste di fatto a Milano una situazione particolare. La crisi degli eventi bellici nel Servizio Sociale di Fabbrica di Milano si fa ancora sentire. Il gruppo di assistenti sociali di fabbrica il quale nel 1944 persistette ad assicurare la presenza dell'assistente sociale nelle fabbriche milanesi si è trovata però in una situazione così disastrosa che se ne risente ancora oggi. Gli industriali milanesi oramai sembrano abituati a considerare l'assistente sociale di fabbrica alla stregua di un porta carte. [...] Per conseguenza, valutandola in modo così misero e così inesatto, non possono capire bene la necessità della sua formazione nella sua ampiezza e profondità.[20]

Quando nella primavera del 1946 si organizzava il convegno di Tremezzo, Odile Vallin fu chiamata a fare parte del Comitato Accademico. Il convegno era stato deciso e organizzato in poco tempo. Doveva essere

Necessità di una cultura storico-umanistica. Vedi inoltre *Atti del 1° Convegno Nazionale Assistenti Sociali. Posizione attuale e responsabilità dell'assistente sociale nell'esercizio e nell'affermazione della professione*, Roma 27-30 maggio 1948, Tipografia Garroni, Roma 1949, in particolare l'intervento di Rosetta Stasi.

19. Odile Vallin, *Problemi della formazione tecnica delle assistenti sociali*, in *Atti del Convegno per Studi di assistenza sociale* p. 743.

20. Relazione della Scuola pratica di Assistenza sociale di Milano, Direttrice Dott.ssa Odile Vallin, Acs, Mi, Aai, b. 55.

inizialmente limitato alla realtà dell'Italia settentrionale, successivamente abbraccerà le problematiche di tutto il territorio nazionale.[21]

In questa occasione Odile Vallin terrà un'importante relazione dal titolo *Problemi della formazione tecnica delle assistenti sociali e dell'organizzazione delle scuole di servizio sociale.*[22] Fu un contributo nel quale la Vallin con molta chiarezza individuava il modello di assistente sociale necessario per la realtà italiana, che suscitò un vivo interesse.

La Vallin conosceva molto bene i modelli di servizio sociale presenti in quegli anni in Europa e ne fa una disamina competente:

> Quali tipi di scuole troviamo nel mondo? Si possono dividere in tre gruppi.
> Le scuole di tipo universitario (mondo anglosassone e Canada) Non ci interessano direttamente perché da una parte si tratta di Università che non assomigliano affatto alle nostre, e d'altra parte sono adeguate alle esigenze di paesi che hanno risorse e problemi molto diversi dai nostri. Preparano egualmente i tecnici dell'assistenza sociale ed i capi di enti assistenziali.
> Le scuole di tipo medico – sociale, con una base medica, una base sociale generale e diverse specializzazioni. Si trovano nel Portogallo e in Francia. Anche le scuole sociali tedesche, prima del nazismo, con tre indirizzi di carriera sociale: medico sociale, infanzia e gioventù, amministrazione opere pubbliche e private di assistenza, davano una salda base medica alle assistenti sociali.
> Le scuole di tipo prevalentemente sociale: Belgio, Olanda, Svizzera, Ungheria, Spagna, dove sono impartiti corsi di igiene femminile, di puericultura, di igiene sociale e igiene mentale, ma con una formazione prevalentemente sociale.[23]

Oltre a questi modelli esisteva, poi, tutta un'impostazione psicologica, che utilizzava i metodi di questa nuova scienza, negletta in Italia. Quale tra questi tipi di scuola sarebbe stato adatto per il contesto italiano? È questa una delle domande che si pongono i partecipanti al Convegno di Tremezzo.

La risposta della Vallin era: «le scuole di tipo prevalentemente sociale». È il suo approccio fondamentale, è forse quello che lei ritiene il più adatto alla situazione italiana. In seguito, quando nelle scuole verranno

21. Vedi capitolo 4 del presente volume.
22. Vallin, *Problemi della formazione tecnica*, pp. 741-754.
23. Ivi, p. 745.

introdotti gli insegnamenti di case work e di group work, non mostrerà un entusiasmo sviscerato.[24]

Nella sua relazione a Tremezzo la Vallin delinea l'idea di assistente sociale che ha in mente, con chiarezza emerge il compito ad essa affidato: il problema urgente nel dopoguerra è quello della ricostruzione. Ricostruire le case, gli impianti, le strade, il paese certo. Accanto, alle emergenze della ricostruzione materiale si affaccia l'urgenza della ricostruzione "morale". Ricostruire le persone.

L'assistente sociale è «colui cioè che deve essere l'artefice della grande opera di risanamento sociale» affermava Amos Chiabov, uno degli organizzatori del convegno, e persona molto attiva nel periodo della ricostruzione nell'Italia settentrionale, concludendo, non senza una certa enfasi, il convegno di Tremezzo.

L'assistente Sociale «non può essere un semplice funzionario, dev'essere una specie di missionario civile moderno» osserva Maria Calogero.[25] I concetti espressi dalla Vallin ripropongono con accenti diversi la stessa concezione. Dice la Vallin

> La morale professionale deve rendere profondamente consapevole la futura assistente sociale della sua responsabilità, del rispetto che deve nutrire per la gente per la quale lavora e della sua indipendenza morale.
> La morale professionale, insieme a quella sociale, deve farle inquadrare la sua missione sociale in una visione largamente umana e democratica della società. L'assistente sociale è essenzialmente al servizio della persona umana, per aiutarla ad adattarsi armoniosamente alle esigenze legittime della società. In questo lavoro l'assistente sociale non considera le sue simpatie personali, ma studia ogni caso come caso a sé, per dare ad ognuno, la sua personalità, cerca di non addomesticarlo con la sua assistenza, ma di suscitare le sue energie e il suo spirito di iniziativa. L'Assistente Sociale sa che questo rispetto profondo vissuto per la persona della quale si occupa non significa passività da parte sua.[26]

L'assistente sociale per rispondere a queste caratteristiche deve essere necessariamente cattolica? La domanda non era oziosa. Una parte certo

24. In una conversazione Giorgio Cigliana raccontava la freddezza quando non ancora l'ironia e gli *sfottò* che la prima generazione di formatori riservava alle teorie che venivano introdotte dall'estero.

25. Calogero, *Necessità di una cultura storico-umanistica*, p. 614.

26. Vallin, *Problemi della formazione tecnica*, p. 747.

non minoritaria del mondo cattolico optava per una formazione confessionale.[27] Per la Vallin non è questo il punto:

> L'assistente sociale deve essere assolutamente persuasa che essa è responsabile (davanti a Dio se è credente, davanti alla società se non crede) del destino della persona che la sua professione le ha fatto incontrare. Per tante altre persone non potrà mai fare niente, e solitarie, abbandonate andranno rovinandosi sempre più fisicamente, socialmente, moralmente. Ma quando ci è dato di correggere la curva discendente di un destino umano, con quale fervore dobbiamo lottare contro ogni ostacolo! [28]

Emerge in questo passaggio il profondo radicamento cristiano, ma anche l'idea non confessionale della «missione» della assistente sociale. Questo non è un concetto da poco, soprattutto nel mondo cattolico nel quale certi settori rivendicavano, se così si può dire, l'esclusiva dell'assistenza.

Parlando dei vari tipi di scuola la Vallin afferma: «Tra questi tre tipi di scuole, troviamo scuole confessionali e scuole non confessionali. L'esperienza non mi ricorda esempi di difficoltà sopra questo punto, come succede talvolta nel campo scolastico normale».[29]

Dopo il Convegno, e dopo la sua relazione che riscosse molti consensi, Odile Vallin fu chiamata a Trento, a Venezia, a Genova, a Firenze per portare il contributo della sua esperienza iniziando così la fondazione di nuove scuole, che, fatta eccezione per Genova,[30] avvenne in tutte quelle città.

Rosa Bernocchi Nisi riporta parte del testo di una lettera inedita della Vallin nella quale viene descritta quella prima esperienza quando fu incaricata di occuparsi della scuola di Via Mercalli di Milano «con lo scopo di uscire dal modello fascista configurando una scuola cristiana, democratica, moderna». «Inizialmente non sapeva fare altro che riprodurre la scuola frequentata a Parigi, una delle migliori, del resto, dove si insegnava veramente servizio sociale (Ecole Pratique de Service Social de Montpar-

27. Sul dibattito interno al mondo cattolico sui temi dell'assistenza si rimanda al capitolo 3 del presente volume.

28. Vallin, *Problemi della formazione tecnica*, p. 744.

29. *Ibidem.*

30. A Genova venne poi fondata una scuola di servizio sociale che non aderì all'ENSISS.

nasse, protestante); le visite, il monitorato, i lavori pratici, i tirocini erano curatissimi».[31]

Odile Vallin – si è detto – vede il ruolo dell'assistente sociale nell'Italia del dopoguerra con una chiara connotazione antifascista, democratica, moderna. Non è azzardato affiancare il suo impegno a quello di un'altra delle fondatrici delle scuole nuove: Maria Comandini Calogero che, nel 1947 con il marito Guido Calogero, diede vita al CEPAS.[32]

Queste due importanti figure della storia del servizio sociale trovano più punti di contatto di quanto la loro così diversa estrazione culturale e religiosa farebbe pensare. Laica la Calogero, cattolica la Vallin, erano diversi i loro ambienti di provenienza, la loro formazione, i loro punti di riferimento culturale, così come assai diverso era il mondo delle relazioni che frequentavano. Tuttavia la Vallin insegnerà al CEPAS[33] o «dai Calogero» secondo la sua espressione, ma non avrà mai contatto con le scuole dell'ONARMO, che erano collegate alla gerarchia ecclesiastica.

Ambedue condividono l'atteggiamento nei confronti dell'esperienza della scuola fascista individuando una soluzione di continuità rispetto alle nuove scuole. In modo diverso, ma sia la Vallin che la Calogero, hanno fatto esperienza nel mondo della resistenza. Maria Calogero, con il marito, ha vissuto durante il fascismo l'esperienza del confino politico, in una località vicino a Scanno, in Abruzzo.

Ambedue condividono l'idea di un'assistente sociale, moderna, libera, autonoma, non un burocratico funzionario amministrativo, ma figura centrale nel promuovere i valori della democrazia, della libertà, della giustizia.

In questo sia la Vallin che la Calogero, anche se con accenti diversi, rifiutano una formazione scarna, solo tecnicistica e nozionistica. Il problema è una formazione larga, profonda che metta in grado questa nuova figura di operatore di operare in modo autonomo.

La Vallin insiste per una preparazione ispirata agli alti valori morali ed etici, la Calogero afferma l'importanza di una profonda formazione umanistica di base. I punti di vista sono diversi, ma ambedue condividono

31. Lettera di Odile Vallin, aprile 1982, citata da Rosa Bernocchi Nisi, *Le scuole di servizio sociale in Italia. Aspetti e momenti della loro storia*, Zancan, Padova 1984, p. 23.

32. Vedi capitolo 5 del presente volume.

33. Conversazione dell'autrice con Odile Vallin.

l'idea di un compito molto alto che l'assistente sociale doveva svolgere nell'Italia del dopoguerra, e in seguito.

Lo Statuto della Scuola pratica è molto interessante, si è detto fu l'unico ad essere allegato da Giorgio Molino al suo elenco di «scuole sociali» ed è plausibile ritenerlo paradigmatico. Un aspetto di sicuro interesse è l'importanza che veniva attribuito al tirocinio nel percorso formativo delle giovani allieve.

Accanto alla formazione teorica molto curata, quello del tirocinio infatti era uno dei problemi più seri avvertiti dalla Vallin. Mentre in Francia vi era ormai un'esperienza consolidata, e le allieve potevano contare su ~~dei~~ supervisori validi, in Italia le uniche assistenti sociali operanti erano quelle uscite dalla scuola fascista.

Ecco come una delle prime allieve, Milena Lerma, descrive il reclutamento delle 15 giovani donne:

> Come si era formato il primo gruppo di allieve? (All'epoca la Scuola era solo femminile). Ricordo di aver ricevuto una telefonata dalla D.ssa Maria La Lomia, della Compagnia di S. Paolo, che avevo conosciuto durante una villeggiatura estiva organizzata dalla Cardinal Ferrari. Mi informava di essere alla ricerca di persone interessate ad occuparsi di assistenza nell'ambito dell'istituto "La casa" e a seguire un corso di formazione per diplomate, studenti universitarie o laureate.
> Ho dato la mia adesione pur avendo impegni familiari e universitari, questi ultimi resi difficoltosi a seguito del bombardamento dell'Università Cattolica da me frequentata.
> Non ho chiara la motivazione che mi aveva spinto ad accogliere la proposta. Forse urgeva il bisogno di rendermi utile anche al di fuori della famiglia in un periodo di miseria, di distruzione umana e sociale; o forse ero attratta dall'idea della formazione come necessità di uscire dalla confusione indotta dalla tragedia della guerra. Probabilmente pensavo di soddisfare un dovere morale, non sapevo che stavo imboccando la strada della mia vita professionale.
> Ripensando a quel primo anno informale di corso, ancora in piena guerra, mi sono domandata quale fosse la tipologia del primo gruppo di allieve della mia generazione. Di estrazione sociale media, tutte avevamo in comune una formazione di base e superiore condizionata dalla ideologia fascista e dalla sua conseguente politica.
> L'autarchia economica e culturale a seguito delle sanzioni, le leggi razziali, l'occupazione nazista avevano tagliato fuori la scuola italiana dal rapporto con una parte del mondo, in particolare quello anglo-americano.

> Nelle scuole erano stati aboliti i corsi e i testi di lingua inglese, esclusi i docenti ebrei e loro testi. Per le stesse ragioni era stato distorto l'insegnamento della storia del nostro Paese e adombrata quella dei paesi democratici.
> Solo dopo la liberazione è apparso nella sua dimensione reale il danno provocato nella formazione dei giovani da questo isolamento culturale, allorquando erano cominciate a circolare le idee democratiche sconosciute alla mia generazione e ad essere utilizzati gli strumenti della democrazia, come il voto popolare (un diritto anche per le donne!), l'organizzazione dei partiti, dei sindacati, la libertà di stampa.[34]

Dai documenti del fondo AAI all'ACS risulta che: delle 15 iscritte al primo corso della scuola di Milano, solo cinque poterono portare a termine il loro sforzo e diplomarsi. Esse sono:

> La Sign.na M.E Castellani, ass. soc. di fabbrica
> la Dr.ssa M. V. Donadeo oggi incaricata dell'Azione sociale al Centro Nazionale Gioventù Femminile, poi titolare di una Borsa di studio O.N.U. per l'Inghilterra.
> la Sig.na M. Giusti, Assistente Sociale di fabbrica
> la Dr.ssa M. Lerma, Assistente Sociale di fabbrica
> la Sig.na M. Poli, Assistente Sociale all'Ente Ausiliario presso il Tribunale per i Minorenni.
> La Dr.ssa Livia Massaria, invece, prima di conseguire il diploma, fu inviata a Palermo, dove fondò la Scuola Italiana di Servizio Sociale.[35]

Nel novembre 1945 la Scuola Pratica di Assistenza Sociale apriva il primo biennio frequentato da 15 iscritte (delle quali cinque laureate, diverse studentesse d'Università e due assistenti sanitarie). L'organizzazione, si è detto, veniva affidata a Odile Vallin, la cui competenza molto aveva giovato nel definire l'aspetto programmatico, generale e di dettaglio, della Scuola.

L'esperienza della Scuola di Via Mercalli di Milano prosegue i suoi corsi sotto la direzione della Vallin dal 1945 al 1950. Alla fine del 1946 nasce l'ENSISS (Ente Nazionale per le Scuole Italiane di Servizio Sociale),

34. Dattiloscritto di Milena Lerma inviato all'Autrice in data 7 dicembre 2003: *Note sulla formazione e sull'attività degli assistenti sociali nel secondo dopoguerra. Qualche ricordo di una delle prime diplomate della scuola pratica di assistenza sociale di Milano.*

35. Relazione della Scuola Pratica di assistenza sociale di Milano Direttrice Dott.ssa Odile Vallin, ACS, MI AAI, b. 55.

figura di riferimento di questo gruppo di scuole era Giovanni Cattaui de Menasce, la segretaria generale è Josette Lupinacci. Aderisce all'Ensiss anche la scuola di Via Mercalli di Milano staccandosi dall'opera "Cardinal Ferrari" ed inizia così ad usufruire degli aiuti Aai. Don Paolo Liggeri resta nel Consiglio di Amministrazione della scuola.

Ci sono non poche testimonianze che attestano le divergenze tra la Vallin e mons. de Menasce, fondatore della scuola di Servizio Sociale di Roma. Differenza di temperamento, di sensibilità? Certo è che queste divergenze hanno lasciato traccia nella memoria di svariati testimoni.[36]

Un ulteriore aspetto, non certo secondario, che caratterizzò quegli anni fu l'attività di collegamento con le esperienze internazionali. I viaggi, la partecipazione a congressi e seminari, le borse di studio, furono attività della Scuola Pratica di quegli anni. Nel 1946 Odile Vallin partecipa al Congresso Internazionale dell'Unione Cattolica Internazionale di Servizio Sociale (Uciss) a Bruxelles, mentre nello stesso anno la Donadeo, tra le prime alunne della Scuola, partecipa per un mese ad uno stage presso il Servizio Sociale Internazionale Francese.

Nel 1947 due neo diplomate partecipano a due convegni internazionali, mentre la direttrice partecipa al Congresso Internazionale dell'Uciss a Lucerna. L'anno successivo, nel 1948, una diplomata ed un'alunna partecipano a due stage di formazione in Belgio.

Nel 1949 la scuola partecipa ad un viaggio in Svizzera con altri direttori delle Scuole di Servizio Sociale italiane. Continuano i seminari e le borse di studio Onu all'estero. Nel 1950, infine, la direzione effettua un viaggio di studio in Inghilterra. Questa intensa attività si svolgeva, va ricordato, nei primi anni del dopoguerra, in una situazione economica e strutturale non facile. Si evidenzia, quindi, un'esigenza di confronto di collegamento, di "formazione", che rivela un'attitudine tutt'altro che "provinciale" del servizio sociale italiano del dopoguerra.[37]

36. Oltre alle testimonianze dirette di Milena Cortigiani e Carmen Pagani, cfr. Bernocchi Nisi, *Le scuole di servizio sociale in Italia*, p. 48, e Alba Canali Gambardella, *Caratteristiche, origini e vicende delle scuole di servizio sociale del gruppo ENSISS*, in *Materiali per una ricerca storica sulle scuole di Servizio Sociale*, p. 85.

37. È questa una caratteristica del nascente servizio sociale italiano che andrebbe approfondita per poter valutare le effettive influenze dei modelli stranieri. Spesso, semplificando, il servizio sociale italiano è descritto come una mera duplicazione di quello statunitense. La vicenda della Scuola Pratica e delle altre Scuole di Servizio sociale indica un tentativo di sintesi tutta italiana.

L'elenco delle materie di insegnamento nel 1950 si discosta leggermente da quelle previste nello Statuto. Vi troviamo: Igiene della maternità, Morale familiare, Metodi di lavoro, Psicologia, Medicina del Lavoro, Tubercolosi, Morale sociale, Pedagogia sociale, Morale professionale, Economia politica, Statistica, Servizio sociale, Diritto civile ed amministrativo, Legislazione sanitaria ed assistenziale, Mutualistica e Previdenza, Diritto penale, Tribunale per i Minorenni, Rieducazione, Infortunistica, Diritto del Lavoro, Emigrazione, Sindacalismo, Psichiatria, Organizzazione Industriale.

In un ulteriore documento conservato sempre nell'Archivio AAI dal titolo: *La Scuola pratica di Servizio sociale di Milano, 1945-1950*, troviamo dati interessanti circa l'attività della scuola in quegli anni.[38]

Allievi iscritti nel quinquennio 1945-50

	1° corso	2° corso	3° corso
Anno 1945-1946	15	-	-
Anno 1946-1947	15	6	-
Anno 1947-1948	32	8	-
Anno 1948-1949	45	21	-
Anno 1949-1950	62	18	14
Anno 1950-1951	30	24	14

Fonte: doc. *La Scuola pratica di Servizio sociale di Milano 1945-50*, in ACS, MI, AAI, b. 55

Allievi diplomati nel quinquennio 1945-50

Anno 1946-1947	4
Anno 1947-1948	3
Anno 1948-1949	5
Anno 1949-1950	16

Fonte: doc. *La Scuola pratica di Servizio sociale di Milano 1945-50*, in ACS, MI, AAI, b. 55

38. Relazione ENSISS, *La Scuola pratica di Servizio sociale di Milano 1945-1950*, ACS, MI, busta n 55. L'autrice di tale documento è probabilmente Alba Canali, succeduta ad Odile Vallin alla direzione della Scuola pratica nel 1950. Tale direzione proseguì fino al 1962.

In questo documento, di poco successivo al precedente, non scritto ma sicuramente ispirato dalla Vallin, troviamo esposto il fondamento etico dell'azione dell'assistente sociale:

> Ciò che è certo è che la società moderna, col suo volto illusorio di fiducia, col suo attivissimo ritmo di vita, di produzione, di consumo, è in realtà piena di angoli miseri e miserabili, doloranti sempre, è piena di dimenticanze e superficialità, di cui creature umane divengono vittime ignorate.
> Individuati questi luoghi di disperazione, o di dolore, o di fatica, gli Assistenti Sociali vi portano qualcosa che è arduo definire: lo diremmo spirito di carità, se tale parola non avesse oramai assunto un deteriore significato di beneficenza che ne offende l'etimo e il valore genuino; l'eviteremo perciò: ma l'attività degli Assistenti Sociali, gli strumenti della loro competenza tecnica sono sorretti da un fatto spirituale che potremo definire senso amoroso della giustizia.[39]

Il linguaggio di questo testo, scevro da ogni tecnicismo e che deve essere letto nella prospettiva storica e culturale di quegli anni, non deve ingannare, vi si ritrovano tutti i temi più che moderni e attuali nel dibattito sull'assistenza: i problemi dell'Italia uscita dal fascismo e dalla guerra con tutte le sue domande cariche di dolore; una presa di distanza da un idea di beneficenza vecchia e deteriore; la presa di distanza da varie derive ideologiche e confessionali; l'idea di un assistente sociale, "tecnicamente esperto", con funzioni, lontane da ogni burocraticismo, non di controllo o solo riparative, ma preventive, educative e promozionali.

Questo accento, che può apparire enfatizzato, sul rispetto umano, sul riserbo, sul segreto professionale, va compreso nel contesto storico del tempo, dopo il periodo fascista, come l'assoluta urgenza di formare assistenti sociali libere, dotate di spirito critico, non prone propagandiste di ideologie autoritarie.

> Ovunque siano uomini faticanti o alla deriva; – continua il testo sulla Scuola di Milano – tra fanciulli difficili o colpevoli; tra genitori indegni; accanto a ragazze che affidarono sconsideratamente i loro sentimenti; a fianco di vecchi abbandonati; di uomini in difficoltà; di povere creature che la mente ha tradito; accanto a tutti costoro la cui dolorosa cronaca noi scorriamo tanto spesso con indifferenza o morbosità, appare l'Assistente Sociale, pronto a mettere a disposizione – col più discreto riserbo – , affetto, comprensione e una diffusa preparazione tecnica: nelle fabbriche, nei consultori psico – pedagogici, nei

39. Ivi, pp. 2 e 3.

> tribunali per minorenni, nei brefotrofi, presso enti assistenziali su tutti i campi di battaglia dei rapporti sociali, dove gli attriti sono più roventi e le vittime più ignorate, l'Assistente Sociale intende portare l'energia di uno spirito che vuole essere entusiasta e dominato, fresco di gioventù e grave e avveduto, tecnicamente esperto.
> È un'attività, la sua, che può persuadere come – ad un'epoca tragicamente tormentata come la nostra – rimedio efficace non siano tanto le formule ideologiche di qualsiasi specie, quanto un'azione di educazione e di riforma, ma un piano individuale e sociale basato sui sentimenti dell'amore e della giustizia.[40]

Nel 1950 Odile Vallin lascerà la direzione della scuola ad Alba Canali che la dirigerà fino al 1962. La Scuola Pratica di Assistenza Sociale di Milano, dopo cinque anni di funzionamento aveva ormai una fisionomia propria. Rimanevano dei punti interrogativi e molte difficoltà, non ultime quelle economiche e del riconoscimento del titolo.

40. Ivi, p. 3.

3. Un'alleanza *sui generis*. L'Amministrazione per gli aiuti internazionali (Aai) e il nascente servizio sociale italiano (1944-1953)

«Ho già potuto fare molto per l'Italia, ma spero in seguito di poter far molto di più». La frase è del capo missione Unrra in Italia, Spurgeon Milton Keeny, ed è riportata in un notiziario del 1945 conservato presso l'archivio dell'Istituto Luce.[1] La notizia a cui vien dato grande risalto nelle immagini è la Conferenza Unrra, per gli aiuti economici per la ricostruzione e intende sottolineare il passaggio dal primo programma di 50 milioni di dollari, al secondo programma Unrra che i paesi aderenti, con una sessione del Consiglio tenutasi a Londra dal 7 al 24 agosto, deliberarono di destinare per l'Italia: la cifra "enorme" stanziata, infatti, era di ben 450 milioni di dollari.

Alla sessione londinese «per la prima volta dopo gli infausti eventi del nostro Paese, parteciparono rappresentanti del Governo italiano, sia pure sotto la veste di invitati osservatori».[2] Il capo della delegazione italiana era Lodovico Montini.[3]

1. Unrra, *The History of the United Nations Relief and Administration*, Columbia University press, New York 1950; vedi anche John Harper, *America and the Reconstruction of Italy, 1945-1948*, Cambridge University press, New York 1986; Ciampani, *L'Amministrazione per gli aiuti internazionali*; Gianni La Bella, *La situazione dell'assistenza in Italia nel dopoguerra. 1945-1950*, in «La rivista di Servizio Sociale», 2 (2003). Si veda anche Stefano Sepe, *Le amministrazioni della sicurezza sociale nell'Italia unita (1861-1998*), Giuffrè, Milano 1999 e sui temi della pubblica amministrazione Guido Melis, *Storia dell'amministrazione italiana (1861-1993)*, il Mulino, Bologna 1996.

2. Aai, *L'Amministrazione per gli aiuti internazionali. Origini, ordinamento, funzioni, attività*, Editrice AAI, Roma 1952 p. 9; «enorme» è l'aggettivo che si trova nel testo.

3. Sebbene la figura e il ruolo di Lodovico Montini non siano stati adeguatamente studiati per un esame della sua figura, vedi, in *L'Amministrazione per gli aiuti internazionali. La ricostruzione dell'Italia*: Vincenzo Saba, *La figura e l'opera di Lodovico Montini: teoria*

La missione UNRRA in Italia era iniziata nell'aprile del 1945 e si sarebbe conclusa nel giugno del 1947. L'importanza che ebbero gli aiuti UNRRA, in campo assistenziale ed economico, fu enorme e non è stata sufficientemente messa in luce. Per dare solo qualche dato circa l'impatto che ebbero gli aiuti UNRRA, non solo per risollevare le condizioni di una popolazione uscita fortemente umiliata dal conflitto, ma anche per lo slancio che diedero alla ripresa economica e democratica, si riporta quanto emerge da una sintesi operata nel 1952 dai collaboratori di Lodovico Montini. Maria Cao-Pinna e Lucio Sergio Rosati in modo preciso e asciutto elencano le cifre: in circa due anni gli aiuti UNRRA ebbero un valore di ben 591.950.000 dollari, interamente devoluti a titolo gratuito. Il corrispettivo di 1400 navi che attraccarono ai nostri porti con grano, prodotti alimentari, materie prime industriali, medicinali, apparecchi sanitari, tessili, vestiario, pellami, macchine agricole e automezzi sanitari.[4]

Prodotti alimentari e agricoli	Tonn.	2.200.000
Materie prime industriali	Tonn.	8.210.000
Medicinali e apparecchi sanitari	Tonn.	5.000
Tessili, vestiario e pellami	Tonn.	92.000
Macchine agricole	N.	15.000
Automezzi sanitari	N.	1.000

I corrispondenti valori in dollari sono i seguenti:

Prodotti alimentari	$	236.310.000
Prodotti per l'agricoltura	$	13.977.000
Materie prime industriali	$	108.794.000
Medicinali e apparecchi sanitari	$	10.502.000
Tessili, vestiario e pellami	$	50.667.000
Noli	$	151.400.000
Contributi speciali (a)	$	20.300.000
Totale	$	591.950.000

Equivalente di 6450 tonn. di vestiario e 1500 tonnellate di viveri

Ripresa da: AAI, *L'amministrazione per gli Aiuti Internazionali,* Roma 1952, p. 12

e pratica del cattolicesimo sociale italiano alla prova delle nuove assistenze americane; Giorgio Cigliana, *Una testimonianza: nell'AAI con Lodovico Montini*. Vedi anche *Lodovico Montini, al servizio della Chiesa e dello Stato. Nel decimo anniversario della morte (Brescia 12 febbraio 2000)*, Centro documentazione, Brescia 2000.

4. AAI, *L'Amministrazione per gli aiuti internazionali.*

Una cifra enorme, ancora più rilevante se paragonata con quella del Piano Marshall, secondo Valerio Castronovo fissata in 1470 milioni di dollari,[5] che venne corrisposta, però, in un periodo molto più lungo, dal 1948 al 1952, e parte della quale (14%) era in forma di prestito. Vale la pena sottolineare il rilievo decisivo che gli aiuti UNRRA ebbero nei primi mesi del dopoguerra, dall'aprile del 1945 al giugno 1947, sui futuri sviluppi sociali, democratici ed economici del paese.

Un ulteriore aspetto da rilevare è il metodo *sui generis*, snello ed efficiente, utilizzato dall'allora Delegazione per il Governo Italiano presso l'UNRRA (nel 1947 divenuta Amministrazione per gli Aiuti Internazionali) per gestire, distribuire, mandare a buon fine una così considerevole messe di aiuti, in poco tempo e soprattutto nel periodo dell'immediato dopoguerra: le devastazioni del conflitto bellico e l'arretratezza del paese rendevano arduo anche solo l'attracco delle navi cariche di aiuti assistenziali nei porti italiani, distrutti, minati ed inservibili. Scriveva Lodovico Montini:

> E qui la cronaca diverrebbe davvero storia. I grandi afflussi delle navi che dovevano entrare nei nostri porti entro corridoi tracciati a tempo di record fra le mine e le opere sconvolte. Tolto Napoli, tutti gli altri porti non erano che campi di mine e di rottami. Non è stato a Civitavecchia che si sono dovute mandare le zattere incontro alla nave di grano – atteso dalla popolazione affamata – per alleggerirne il carico e ottenere così che la nave passasse sopra le mine giacenti sul fondale del porto? Genova ha aperto il primo corridoio fra mine e relitti con una rapidità che ha stupito i competenti in fatto di liberazione dei fondali.
> Dalle navi cariche di rifornimenti alla utilizzazione di essi in tutte le province mentre mancavano strade, trasporti e mezzi. [...] E tutto questo in un Paese che era semidistrutto dalle gravissime incursioni, diviso materialmente e moralmente, che era piagato nelle sue fibre più nascoste, sì che le stesse distruzioni esteriori non erano che un aspetto – e forse il meno grave – della propria mutilazione e della difficoltà di riprendere una vita libera nel centro del Mediterraneo. E – ancora – tutto questo – in contatto con autorità straniere, sollecite nell'aiutarci, ma ancora sospettose del nostro recente passato, ignare dei nostri costumi, e forse non ancora conscie dell'impegno che la guerra vinta in un mondo tanto nuove per esse, veniva loro addossando.[6]

5. Valerio Castronovo, *La storia economica*, in *La storia d'Italia*, a cura di Romano Ruggiero e Corrado Vivanti, Vol. IV, t. I, Einaudi, Torino 1975.

6. Prefazione di Lodovico Montini in AAI, *L'Amministrazione per gli aiuti internazionali,* pp. V e VI.

La sintesi di Lodovico Montini è chiarificatrice: le difficolta economiche sociali e politiche del momento, i rapporti internazionali segnati dal "sospetto" per una Italia pochi mesi prima paese nemico e, certo, non ancora divenuto alleato dei paesi usciti vincitori dal secondo conflitto mondiale. Ma soprattutto c'era in Montini la consapevolezza di un'Italia mutilata nelle sue fibre più profonde. La distruzione della guerra, l'arretratezza e vent'anni di fascismo alle spalle e una «vita libera» e democratica tanto difficile da riprendere nel «centro del Mediterraneo». In questo si comprende la interessante personalità di Montini: un uomo davvero moderno,[7] autenticamente democratico e antifascista, legato in prima persona e per tutta la vita ai temi dell'assistenza. Assistenza, modernità e democrazia erano tre elementi fortemente interconnessi nella vita e nell'impegno di Lodovico Montini, ma anche nella sua visione politica del futuro dell'Italia. Per comprendere il ruolo dell'AAI non si può prescindere dalla figura di Lodovico Montini, e neanche da questa consapevolezza che la nuova Italia democratica e libera sarebbe potuta nascere solo se in grado di superare ataviche arretratezze. L'assistenza rappresentava, in questa visione, una colonna portante.

L'AAI, quindi, nel periodo della ricostruzione, ebbe il compito di distribuire gli aiuti internazionali destinati all'assistenza, e, inoltre, di gestire i consistenti fondi ricavati dalle vendite dei prodotti provenienti dall'estero a titolo gratuito e immessi sul mercato interno nazionale. Questo sistema di aiuto era finalizzato ad agevolare la ripresa dell'economia italiana.

Il ricavato delle vendite delle merci, quali il carbone e i prodotti tessili, costituiva un fondo, denominato Fondo Lire, che l'Italia si impegnava ad utilizzare a scopi assistenziali. Il Fondo Lire, nel tempo, rappresentò una cifra notevole e per la sua gestione fu istituito, il 29 maggio del 1946, il Comitato di Controllo del Fondo Lire.[8] Questo Comitato misto, composto da

7. Molto interessante la descrizione di Giorgio Cigliana quando parla di «disponibilità al nuovo» di Lodovico Montini. Cfr. Giorgio Cigliana, *Lodovico Montini uomo di governo*, in *Lodovico Montini, al servizio della Chiesa e dello Stato*.

8. «Una delle disposizioni più caratteristiche dell'Accordo [tra Governo italiano e UNRRA] fu questa: che il Governo italiano, allo scopo di dare il massimo effetto all'opera assistenziale, avrebbe, da parte sua, conferito una somma di lire corrispondente al valore delle merci fornite dall'UNRRA; con tale apporto si sarebbero dovute pagare tutte le spese occorrenti per lo svolgimento del programma assistenziale sul nostro territorio, ed inoltre si sarebbero finanziati programmi complementari di assistenza diretta o di ricostruzione nel nostro Paese. Questa norma dava vita al sistema del Fondo lire, che sarebbe divenuta operante, in maggior misura, nei programmi successivi, con la vendita sul mercato interno delle merci donate dall'estero». Giorgio Molino, Alfredo Cataldi, Renato Barbagallo (a

rappresentanti della Missione Unrra, da rappresentanti della Delegazione del governo presso l'Unrra, e da rappresentanti del Ministero del Tesoro, del CIR e dell'ICE, aveva il compito di predisporre delle cosiddette «raccomandazioni» per specifiche assegnazioni di denaro. Tali assegnazioni erano poi sottoposte alla firma del Capo della Missione Spurgeon Keeny e del Presidente della Delegazione Lodovico Montini. Nella riunione del 27 marzo del 1946 il Comitato di Controllo del Fondo Lire ha esaminato il preventivo del finanziamento del «Programma educativo». In questo preventivo si prevedeva lo stanziamento di più di 440 milioni di lire per finanziare le «scuole sociali» e per «garantire l'impiego iniziale degli studenti diplomati».

L'Aai era chiamata ad una funzione di immediato soccorso, dovendo rispondere agli enormi problemi di sussistenza e di assistenza del primo dopoguerra, ed ebbe, insieme, il ruolo di delineare un'organizzazione moderna e duratura dell'attività assistenziale in Italia.

In questa intensa attività assistenziale si inserisce il fecondo rapporto tra l'Aai e il nascente servizio sociale italiano nel secondo dopoguerra. Sono ancora le parole di Lodovico Montini a chiarire il valore e la necessità di dotare la «nuova storia assistenziale» di una «metodologia propria» e di figure professionali che la sapessero inverare e trasfondere nelle istituzioni assistenziali esistenti. Istituzioni anch'esse uscite fortemente malconce dal conflitto e bisognose di emanciparsi da uno *modus operandi* burocratizzato e paternalistico.

> Si delinea pertanto, nella nuova storia assistenziale, un libero, ma concreto orientamento di tutti questi organismi con finalità di collaborazione, di integrazione e di progresso tecnico generale.
> Su questa linea si può finalmente parlare di una formazione assistenziale che ha fatto oggetto di interventi diversi: si sono finanziate le scuole di servizio sociale, organizzati corsi ed erogate borse di studio per la preparazione tecnica del personale di assistenza; si va esperimentando il metodo del servizio sociale negli istituti di ricovero; si svolgono studi; si partecipa a congressi; si è in rapporti con gli organismi internazionali ecc. Tutto questo perché la nascente branca dell'assistenza – quale tipica funzione dello Stato solidale moderno – richiede più di ogni altra una metodologia propria; una metodolo-

cura di), *L'amministrazione per le attività assistenziali italiane ed internazionali. Origini, ordinamento, programmi*, Editrice AAI, Roma 1964. Il fondo lire è ancora operante con bandi indetti dal Ministero dell'Interno. https://fondounrra.dici.interno.it/unrra/#!.

> gia nella quale ordinamento, organizzazione e atto assistenziale abbiano una sufficiente autonomia e interdipendenza e le prestazioni una base tecnica.[9]

Gli anni della formazione delle "scuole nuove" di servizio sociale furono gli stessi nei quali il ruolo dell'Aai veniva delineandosi nel panorama assistenziale della ricostruzione post bellica.[10]

La vicenda delle scuole di servizio sociale, le "scuole nuove", come venivano definite, si sviluppò e si intrecciò fin dall'inizio con la storia dell'Aai, fu, infatti, nello stesso periodo che si svilupparono in Italia, in particolare a Roma e a Milano. Erano il frutto di iniziative private, raccoglievano sensibilità ed esigenze diverse e catalizzavano l'attenzione di diverse espressioni della società civile: politica, accademica, ecclesiale. La loro nascita avvenne nel giro di pochi anni, e vi si impegnarono con "entusiasmo" persone e gruppi sociali interessati alla ricostruzione del nostro paese.[11]

Nel contesto nazionale, tra la pesante eredità del ventennio fascista e la sconfitta del secondo conflitto mondiale, nella convinzione di molti, la nascita e lo sviluppo dello stato democratico doveva fondarsi su un lavoro capillare di educazione e di coscientizzazione della popolazione; si avvertiva l'esigenza di una ricostruzione non solo "materiale", ma anche "morale" del paese.[12]

Nonostante mancasse in Italia, a differenza degli altri paesi europei e degli USA, una tradizione consolidata nel campo del servizio sociale, la figura dell'assistente sociale venne, fin dall'inizio, indicata come il perno del moderno stato assistenziale.

9. Montini, *Prefazione,* in Aai, *L'Amministrazione per gli aiuti internazionali*, p. IX.

10. Vedi *L'Amministrazione per gli aiuti internazionali. La ricostruzione dell'Italia.* Cfr. anche Sepe, *Le amministrazioni della sicurezza sociale nell'Italia unita.*

11. È difficile capire la nascita e lo sviluppo del servizio sociale, nella sua originalità italiana, se non collocati nel clima che si viveva tra i protagonisti della ricostruzione. Persone anche molto diverse tra loro, erano accomunate da una forte spinta ideale e da profonde motivazioni personali. Nei giovani funzionari dell'Aai, nel personale direttivo e docente delle scuole, negli stessi funzionari stranieri della Missione Unrra, ritroviamo questo tratto "entusiasta" del loro impegno.

12. Aai, *L'Amministrazione per gli aiuti internazionali*, p. VI. Per una trattazione dell'argomento si veda tra l'altro Ernesto Ragionieri, *Dall'Unità a oggi,* in *Storia d'Italia, Einaudi,* Torino 1976, vol. IV, t. III; Silvio Lanaro, *Storia dell'Italia Repubblicana*, Marsilio, Venezia 1992, cap. 5; Giovanni Sabbatucci e Vittorio Vidotto (a cura di), *Storia d'Italia. La Repubblica,* Laterza, Bari 1997, vol. 5.

Gli esperti stranieri della missione UNRRA in Italia attribuivano al "Programma Educativo" un'importanza particolare come segno durevole dell'attività svolta. La elaborazione di tale Programma si inseriva in quella più vasta relativa al programma supplementare di assistenza alimentare.

Il Governo italiano si trovava in un momento molto delicato: il paese era prostrato da una drammatica crisi alimentare che durò per tutto l'anno 1947. L'Italia si rivolse più volte al Vaticano per chiedere aiuti.[13] Sfamare la popolazione: questa era la priorità del momento. Lodovico Montini si adoprò in modo instancabile perché l'attuazione del programma di assistenza alimentare non venisse posticipata.

In questo modo va forse interpretato l'iniziale ritardo nel rispondere alla proposta caldeggiata dagli esperti stranieri della Missione UNRRA relativa al finanziamento delle "scuole sociali". Tale ritardo veniva sottolineato in una nota indirizzata al Comitato di Controllo del Fondo Lire, da Phoebe Bannister,[14] Consulente Assistenziale del Capo della Missione Keeny, la quale pose la questione del finanziamento delle scuole non senza un accento polemico: «Questa proposta è stata presentata alla Delegazione Italiana, ma non si è ancora ricevuta risposta». Nello stesso documento si legge: «In nessun caso quest'Ufficio [Ufficio del Consulente Assistenziale al Comitato Controllo Fondo Lire] acconsentirebbe a considerare il programma di assistenza alimentare come l'unico progetto assistenziale rimanente in Italia dopo la partenza dell'UNRRA. Senza l'inclusione del progetto per le Scuole sociali, che assicurerà un adeguato personale per il futuro svolgimento del lavoro, il progetto di assistenza alimentare sarebbe condannato al fallimento».[15]

13. A questo riguardo si veda Agostino Giovagnoli *Le premesse della ricostruzione, tradizione e modernità nella classe dirigente cattolica del dopoguerra,* Nuovo Istituto Editoriale Italiano, Milano 1982; Carlo Falconi, *L'assistenza cattolica sotto bandiera pontificia*, Feltrinelli, Milano 1957.

14. La Bannister intervenne anche al Convegno di Tremezzo: Phoebe Bannister, *Previdenza sociale negli Stati Uniti*, in *Atti del Convegno per Studi di assistenza sociale*, pp. 11-17.

15. Lettera dell'Ufficio del Consulente Assistenziale al Comitato Controllo Fondo Lire del 17 marzo 1947, firmato Phoebe Bannister, allegato Verbale 17° riunione Comitato di controllo Fondo Lire del 29 marzo 1947, MI AAI busta n. 48. Così si legge ancora nella lettera a firma della Bannister: «Se la Delegazione non vuole ridurre il progetto di assistenza alimentare ad una cifra che possa consentire l'inclusione dei due summenzionati progetti questo Ufficio [Ufficio del Consulente Assistenziale] sarebbe disposto a concordare un compromesso, limitando la richiesta alla somma corrispondente al programma per le scuole sociali (440.450.000)».

Il rilievo così formulato della Bannister lascerebbe supporre freddezza da parte italiana nell'avvertire la priorità di tale proposta di finanziamento, ma la realtà contrasta una simile lettura. Nell'attività degli uffici della Delegazione si registrava, nello stesso periodo, una attenzione da parte dei collaboratori di Montini verso il mondo delle Scuole per assistenti sociali. Basti dire che l'elenco predisposto da Molino (datato 26 marzo 1947) presupponeva già l'esistenza di una rete di legami e di comunicazione tra le nascenti scuole e i giovani funzionari dell'AAI.

Lo stesso Montini, dal novembre del 1946, prese parte attivamente alla costituzione di un consorzio di sostegno per la formazione di Scuole sociali di ispirazione cattolica, poi divenuto l'ENSISS, di cui fu socio fondatore.[16]

È possibile sostenere che l'AAI, fin dall'inizio, considerasse l'assistente sociale come il perno del moderno stato assistenziale che in Italia si doveva consolidare. Il progetto di finanziamento delle scuole fu, infatti, tra i primi progetti che l'AAI pose in essere.[17]

Davanti alle urgenze concrete per la ricostruzione del paese, lo sviluppo e la formazione degli assistenti sociali non furono sottovalutati. Si legge, infatti, nella lettera che accompagna il preventivo a firma di Francesco Flores, allora direttore generale dell'Amministrazione: «La nota è il risultato di un attento esame circa la urgente necessità che si presenta al fine di concorrere positivamente con una parte del Fondo Lire riservato all'assistenza, al potenziamento del lavoro sociale in vista dell'auspicato rinnovamento e coordinamento della struttura assistenziale in Italia».[18]

Da chi era stato predisposto il programma educativo? Flores scriveva: «il programma è stato elaborato da parte di appositi incaricati della Missione e della Delegazione dietro autorevoli e competenti suggerimenti dei maggiori Enti Assistenziali ed in base ai rilievi fatti dal Lire Fund Policy Central Comittee in seguito ad un primo esame del suo contenuto».[19]

16. In un memorandum riservato a firma di Vittorino Veronese, Presidente dell'Azione Cattolica, indirizzato a Lodovico Montini nel novembre del 1946, fu formulata l'ipotesi di un consorzio di scuole cattoliche, poi denominato ENSISS. ACS, MI, AAI B. 47 Nota personale 4.11.1946 all'onorevole Montini a firma avv. Vittorino Veronese.

17. Tale percezione la si trova nella rilettura che l'Amministrazione fa di sé stessa nei suoi primi anni di attività: cfr. Maria Cao Pinna e Lucio Sergio Rosati in AAI, *L'Amministrazione per gli aiuti internazionali.*

18. Lettera che accompagna il preventivo programma educativo, firmata dal Direttore Generale F. Flores, MI, AAI, b. 48.

19. *Ibidem.*

Molto probabilmente gli autori di questo programma furono, tra gli altri, Giorgio Molino e Maria Cao Pinna. Entrambi furono dall'inizio collaboratori di Montini nel lavoro della Delegazione come responsabili, rispettivamente del servizio assistenza e del servizio studi. A questi due nomi è da riferire gran parte delle connessioni tra il mondo dell'assistenza e delle scuole con l'AAI.

Il «Progetto Educativo» fu determinante nel rapporto tra l'AAI e le Scuole e in esso troviamo gli elementi che influenzarono il suo sviluppo.

Vi si legge:

> La Delegazione del Governo Italiano per i rapporti con l'UNRRA preoccupata di potenziare e coordinare lo sviluppo del lavoro sociale e di rendere – in certo senso – esecutiva l'opera di rinnovamento portata in Italia dalla Missione UNRRA tramite il suo personale specializzato, si propone in conseguenza di realizzare un programma educativo di vasta portata.[20]

La vasta portata del programma educativo è attestata dalla cifra stanziata che fu di 440.450.000 lire.

Il progetto, della durata di cinque anni, era suddiviso in due parti. Nella prima parte si prevedeva il finanziamento delle Scuole. Nella seconda parte si destinavano 180 milioni al collocamento lavorativo del personale preparato dalle Scuole stesse. Questa seconda parte, nell'intenzione degli estensori del progetto, serviva ad incoraggiare nel primo periodo gli Enti Assistenziali ad assumere personale qualificato. I fondi relativi a questa parte non furono mai utilizzati per questo scopo, e dal 1954 in poi verranno utilizzati per finanziare i progetti di assistenza tecnica alle Scuole.[21]

Rispetto alle necessità di una scuola di allora la somma stanziata rappresentava un importo molto consistente, che permise, di fatto, il sorgere e l'affermarsi delle «scuole sociali» in Italia. Si legge ancora nel programma:

> L'iniziativa si ripromette anzitutto di coordinare ed incoraggiare tutti gli studi intesi a potenziare il servizio sociale con la conseguente preparazione, attraverso scuole appropriate, di un nuovo corpo di lavoratori sociali. Questi dovranno costituire il perno dell'attività dedita all'opera di riabilitazione e

20. Verbale XVII riunione Comitato di Controllo Fondo Lire del 29 marzo 1947 MI, AAI, b. 48.

21. Nel verbale della XXXII riunione del Comitato di Controllo del Fondo Lire troviamo riassunta la storia del progetto educativo fatta dallo stesso Montini.

> ricostruzione del Paese e comunque d'assistenza con l'elevazione delle classi più bisognose.[22]

In questo documento troviamo il termine di «lavoratori sociali» per indicare gli assistenti sociali. Tale definizione, oltre che essere una traduzione dell'anglosassone «social worker» corrisponde anche alla volontà di attribuire a questa figura, nuova nel contesto italiano, una dignità e una importanza che alcuni ritenevano fosse sminuita dal termine «assistenti sociali» o «segretarie sociali».[23]

La prima condizione stabilita dal programma, e sulla quale è bene porre l'attenzione, riguardava «l'autonomia» e la «libertà» delle scuole: «Il fondo stanziato per le scuole sociali – si legge nel documento – sarà devoluto per il potenziamento ed il funzionamento di quelle esistenti o di quelle in via di costituzione: *si vuole a priori rispettare la loro libertà di costituzione e la privata iniziativa*».[24] Vale la pena soffermarsi su questa condizione posta a priori. Bisogna ricordare che tutte le scuole in Italia nascevano da iniziative private. I contesti politici e culturali nei quali le scuole sorgevano erano molteplici e diversi tra loro, talvolta contrapposti. C'erano le Scuole cattoliche confessionali dell'Onarmo, c'erano le scuole laiche dell'Unsas, alcune venivano etichettate come "comuniste" altre venivano considerate con una impostazione "liberale" o "conservatrice", altre ancora erano le scuole appartenenti all'Ensiss, di ispirazione cattolica. ma che si differenziavano dalla concezione confessionale dell'Onarmo, c'erano infine le scuole, poche, indipendenti.

L'Aai non voleva imporre un modello culturale o politico alle scuole e tutte furono finanziate. La garanzia di tale pluralismo fu salvaguardata anche in un secondo tempo, quando i toni del dibattito politico nel paese si inasprirono e si polarizzarono con l'uscita della componente comunista dal governo.

22. Verbale XVII riunione Comitato di Controllo Fondo Lire del 29 marzo 1947 Mi, Aai, b. 48.

23. In questo senso si muoveva la scuola di Roma, indipendente, diretta da Mario Ponzo denominata non a caso Scuola nazionale per dirigenti del Lavoro sociale. Vedi Stefania Campagna, *La Scuola nazionale per dirigenti del Lavoro sociale (SNDLS) nel contesto del movimento delle scuole nuove di servizio sociale nel secondo dopoguerra*, tesi di laurea, Università Roma Tre, Facoltà di Scienze della Formazione, a.a. 2008-2009.

24. Verbale XVII riunione Comitato di Controllo Fondo Lire del 29 marzo 1947 Mi, Aai, b. 48. Il corsivo è mio.

Questa scelta è anche significativa della peculiarità dell'AAI. La realizzazione di tale programma era forse possibile solo ad un'amministrazione caratterizzata da un'organizzazione non burocratizzata e rigida, lontana anche da schemi politico-partitici molto presenti in altre amministrazioni statali.[25]

Si trattò di un felice incontro, di una vera e proprio alleanza tra il mondo davvero *sui generis* dei giovani funzionari AAI guidati dalla figura di Lodovico Montini, e quello anche esso *sui generis* del nascente servizio sociale.

In una conversazione con chi scrive, Giorgio Cigliana, una delle persone più vicine a Montini nel suo lavoro di Presidente nell'AAI, ha espresso l'opinione, peraltro molto condivisibile, che se al posto dell'AAI ci fosse stato un altro apparato «ad esempio il ministero della Pubblica Amministrazione» le scuole avrebbero avuto tutta un'altra storia e forse non avrebbero avuto l'originalità che invece le contraddistinse.

Il rispetto per l'autonomia, però, non significava che l'Amministrazione fosse assente dalla vita delle scuole, anzi, nello stesso programma educativo erano previste alcune forme di controllo. Le scuole dovevano dare alcune garanzie indicate di seguito:

> Tuttavia si intende subordinare, attraverso un apposito controllo, l'aiuto di predette scuole alla garanzia che esse potranno fornire per il loro serio funzionamento, il quale, oltre a fondarsi sulla serietà e competenza del corpo insegnante – derivanti da un'accurata selezione – e rispondere a priori alle esigenze circa il personale di segreteria, i locali ed i relativi requisiti igienici prescritti.[26]

Le scuole, insomma, per ottenere gli aiuti AAI, dovevano funzionare bene, anche dal punto di vista amministrativo. Questo controllo non restò sulla carta, l'AAI lo effettuò con una certa puntualità. Testimonianze diverse concordano su questo e la presenza dell'AAI era molto avvertita, anche nella scelta della direzione, o nelle scelte didattiche. I vari funzionari AAI,

25. Si accenna solo brevemente al dibattito storico circa la pesante eredità dell'apparato statale e burocratico, cresciuto in modo abnorme nel periodo fascista e lasciato tale e quale nei primi anni del dopoguerra. Cfr. Paul Ginsborg, *Storia d'Italia dal dopoguerra a oggi*, Einaudi, Torino 1989.

26. Verbale XVII riunione Comitato di Controllo Fondo Lire del 29 marzo 1947 MI, AAI, b. 48.

presenti nel territorio nazionale, negli UPAI, effettuavano controlli periodici e ne riferivano agli uffici di Roma.

A questo riguardo è utile citare il caso della scuola di Venezia, aderente all'ENSISS. Nei primi due anni ebbe delle difficoltà notevoli sul piano amministrativo e su quello della direzione pratica dei tirocini. L'AAI mandò un suo funzionario e chiese di correggere l'andamento della scuola minacciando l'interruzione degli aiuti finanziari. Il fatto che la scuola di Venezia fosse aderente all'ENSISS, organismo che ebbe tra i soci fondatori lo stesso Montini, non attenuò l'aut aut dell'AAI.[27]

Anita Gregorini Malaguti racconta della circostanza nella quale fu mandata, ancora giovane studentessa della scuola ENSISS di Roma a Venezia, per cercare di attenuare il contenzioso con l'AAI. Nei suoi ricordi personali è molto vivo il ricordo che la nomina del direttore di una scuola di servizio sociale dovesse avere il gradimento dell'AAI. Nel suo caso, l'AAI si mostrò più fiduciosa perché la giovane e inesperta Gregorini Malaguti fu affiancata dalla Dott.ssa Odile Vallin. Tra l'altro fu nell'occasione delle visite della Vallin alla scuola di Venezia che le due donne si conobbero e nacque una profonda amicizia e la solidarietà reciproca che sperimentarono da anziane.[28]

Il controllo previsto dal programma sulle scuole che ottennero i contributi fu esercitato dall'AAI in modo puntuale ed incisivo. Già nel marzo del 1947 erano stati fissati i criteri ai quali le scuole dovevano corrispondere:

Criteri di unitarietà di indirizzo:
a) possesso di licenze di scuole medie superiori;
b) due anni di corso per il conseguimento del diploma;
c) garantire un "curriculum minimum" di materie fondamentali obbligatorie, legislazione sociale, assistenza familiare e all'infanzia, scienze sociali politiche ed economiche, nozioni di psicologia e di psichiatria, nozioni di medicina generale, statistica, metodologia ed applicazione pratica al lavoro sociale;
d) assicurare l'applicazione pratica dei corsi d'insegnamento;
e) corsi di specializzazione;
f) assicurare la costituzione di una biblioteca comprendente il materiale didattico indispensabile alla materia di insegnamento oltre che i libri e le riviste di carattere generale;

27. Vedi Umberta Scagnelato, *La nascita delle scuole di servizio sociale nel secondo dopoguerra: la scuola di Venezia*, tesi di laurea, Università LUMSA, a.a. 2003-2004.
28. Conversazione dell'autrice con Anita Gregorini Malaguti.

g) comprendere possibilmente inserire nel Consiglio di Amministrazione gli esponenti dei principali Enti assistenziali ufficialmente riconosciuti;
h) assicurare che la scuola sia diretta da un direttore il quale sia coadiuvato da un segretario e non abbia altre mansioni all'infuori della scuola.[29]

Tali requisiti erano in parte già utilizzati dalle scuole; la scelta degli estensori del programma, tuttavia, fu quella di promuovere scuole di livello superiore, per formare personale qualificato. I criteri non furono minimalisti, e non si limitarono a codificare l'esistente, volendo indicare anche un modello formativo cui riferirsi.

Si deve osservare l'importanza attribuita al tirocinio pratico che le scuole dovevano impegnarsi ad organizzare. Questo impegno non era facile da assumere e da mantenere vista la scarsezza di sedi di tirocinio e di assistenti sociali inseriti nei contesti lavorativi assistenziali.

Negli anni successivi le voci principali di spesa per l'attuazione del programma furono: compensi al personale docente e alla persona incaricata di curare le esercitazioni pratiche; acquisto di libri e periodici per la dotazione della biblioteca e per la compilazione di dispense per gli allievi; premi di rendimento e borse di studio per gli allievi.[30]

Il programma, infine, indicava il numero delle scuole probabilmente interessate al finanziamento:

Sei scuole svolgono attualmente la loro attività: 3 a Roma 3 a Milano. Sono in progetto altre 3 scuole di cui una a Milano, una a Venezia, una a Firenze. Si prevede che altre scuole potranno sorgere nei centri principali delle regioni come Torino, Genova e Palermo.[31]

Questa prima identificazione sommaria delle scuole beneficiarie degli aiuti era evidentemente collegata all'elenco che Molino aveva predisposto negli stessi giorni.

Negli anni successivi, dal 1947 al 1953, il programma educativo divenne operativo. A questo proposito alcuni preziosi documenti di archivio danno notizia dell'andamento del programma, riportando informazioni molto interessanti a proposito dello sviluppo delle scuole.

29. Verbale XVII riunione Comitato di Controllo Fondo Lire del 29 marzo 1947 Mi, Aai, b. 48.

30. Cfr. Maria Cao Pinna e Lucio Sergio Rosati in Aai, *L'Amministrazione per gli aiuti internazionali*, p. 39.

31. Verbale XVII riunione Comitato di Controllo Fondo Lire del 29 marzo 1947 Mi, Aai, b. 48.

Il primo documento è un appunto di Giorgio Molino, indirizzato a Lodovico Montini, del 21 luglio 1950: contiene una breve cronistoria dei primi tre anni di attuazione del programma, con alcune considerazioni e linee per il nuovo programma alla luce delle esigenze emerse.

Tutto questo, come si è già accennato, riguarda solo la parte del programma educativo, relativa al finanziamento delle Scuole, «la seconda parte, concernente l'impiego di lavoratori sociali, come è noto, non è mai entrata in attuazione».[32] Tale parte, nell'intenzione iniziale, doveva promuovere l'assunzione degli assistenti sociali diplomati dalle scuole presso gli Enti Assistenziali. Sarebbe stata, secondo i propositi degli estensori del progetto, la spinta iniziale che avrebbe creato, all'interno degli Enti Assistenziali stessi, lo spazio per questa nuova figura professionale fino ad allora non prevista. Tale inserimento avvenne spontaneamente e gradualmente, ma, come detto, senza utilizzare i fondi stanziati.

Il programma ebbe inizio negli anni 1947-1948. Le scuole interessate nel primo anno furono nove. In pratica tutte le scuole allora esistenti usufruirono degli aiuti dell'Aai. Quattro scuole a Roma, due a Milano, una a Torino, una a Trento ed una a Palermo.

Per il primo anno del programma la spesa fu di 17.238.327 lire. La cifra calcolata per ogni singola scuola per le spese dei docenti fu di 1.064.000. Di 319.992 lire per la persona responsabile delle esercitazioni pratiche, per la biblioteca, l'acquisto di libri e di riviste e la stampa di dispense fu di 500 mila lire annue. Ogni scuola tra premi e borse di studio per gli allievi percepiva circa altre 550 mila lire.

Nell'anno successivo, 1948-1949, si aggiunsero tre nuove Scuole. Le scuole di servizio Sociale, quindi, da nove passarono ad undici. Le scuole del gruppo Ensiss divennero sei. In questo anno venne modificata, su richiesta delle stesse scuole, la modalità di erogazione delle borse di studio agli studenti che aveva creato qualche difficoltà. Nel 1948-1949 la cifra stanziata fu di poco superiore ai 31 milioni di lire.

Nell'anno successivo il numero delle scuole che usufruirono del finanziamento non aumentò, la cifra stanziata fu di lire 36.764.959.

A tre anni di distanza dall'avvio del programma quale era la valutazione di Molino? Sostanzialmente positiva: le scuole miglioravano nella loro qualità, erano più conosciute nel paese, e si andavano uniformando i programmi didattici.

32. *Ibidem.*

I contributi dell'AAI costituivano, almeno per alcune scuole, l'unica fonte certa e stabile di finanziamento.

> Quel minimo di tranquillità economica – scriveva Molino – data dai nostri aiuti ha notevolmente contribuito a dare loro la possibilità di affermarsi e di risolvere i vari problemi didattici si sono man mano presentati: esse sono ora via via sempre più note, vanno gradualmente migliorando i loro programmi e quindi la preparazione dei loro allievi.[33]

Altri enti e ministeri avevano finanziato le scuole: Il Ministero dell'Assistenza Postbellica, il Ministero del Lavoro, l'ENPI, l'INAIL. C'erano poi forme di aiuto provenienti dai privati come Olivetti, solo per fare un esempio, ma solo gli aiuti AAI ebbero questa forma certa e stabile.

Molino evidenziava con chiarezza il ruolo decisivo svolto dall'AAI. Scriveva:

> Nei confronti del servizio sociale quindi il programma ha assolto principalmente una funzione che potremo definire di sostentamento della vita delle scuole e di divulgazione di questi nuovi studi, funzione di cui non occorre sottolineare l'importanza.

In effetti senza i contributi AAI alcune scuole avrebbero chiuso, e altre forse senza la sicurezza di poter contare sul finanziamento non sarebbero neanche nate. Il vero e proprio sostentamento, tuttavia fu affiancato dalla «divulgazione di questi nuovi studi». Molino parlava delle varie teorie di servizio sociale presenti in altri paesi, rese fruibili in Italia grazie all'attenzione rivolta alle biblioteche dei singoli istituti, per le quali veniva stanziata, ogni anno, una cifra non trascurabile, finalizzata all'acquisto di libri e riviste, e per la stampa di dispense e materiale prodotto dalle singole scuole.

La valutazione di Molino su questi primi tre anni è, quindi, positiva, ma, nel 1950, ci fu una piccola svolta riguardo il numero di scuole che non si sarebbe dovuto espandere senza limite. Affermava Molino:

> Tenuto conto del fatto che il gettito di lavoratori sociali si aggira annualmente sui 200 l'anno, che tale numero è per il momento sufficiente a coprire le richieste del personale specializzato da parte di enti a carattere assistenziale, e che è opportuno concentrare gli aiuti su un numero ristretto di scuole la cui attività è già avviata da qualche anno, si propone di limitare a 14 il numero delle scuole da aiutare (12 già assistite più due).[34]

33. *Ibidem.*
34. *Ibidem.*

Si inizia. pertanto, a porre il problema di selezionare le scuole destinatarie del finanziamento AAI.

C'è da chiedersi il perché di questo piccolo, ma importante, cambiamento di rotta, visto che tutte le scuole, in quel periodo, usufruivano degli aiuti AAI, e questa esigenza restrittiva non sembrava essere dettata solo da una razionalizzazione delle risorse.[35] A questo riguardo è forse opportuno gettare uno sguardo sullo sviluppo quantitativo e la distribuzione geografica delle scuole alla fine degli anni '40 e all'inizio degli anni '50.

Franco Martinelli nel suo studio parla di una crescita delle scuole ONARMO a ritmi travolgenti. Nel 1948 apriva la scuola di Napoli, nel 1949 quella di Bari, nel 1950 quella di Reggio Calabria. Nel 1951 sorgevano scuole a Padova e Taranto, nel 1952 a l'Aquila, a Palermo e a Pavia, nel 1953 apriva la scuola di Torino, ed infine nel 1955 la scuola di Ancona. Dal 1948 al 1955 aprirono, quindi, 11 scuole ONARMO. Altre ancora ne nacquero negli anni successivi.

A questa espansione tumultuosa del gruppo ONARMO non corrispondeva una analoga crescita degli altri gruppi che vedevano un aumento contenuto del numero delle loro scuole.

L'Amministrazione nel 1950 cercò di fare una selezione più rigida per individuare le scuole da finanziare. Ai requisiti stabiliti dal primo programma, se ne aggiunsero altri nuovi e più dettagliati. Così si legge nell'appunto di Molino:

REQUISITI CHE DOVRA' AVERE UNA SCUOLA SOCIALE
PER POTER OTTENERE IL CONTRIBUTO PREVISTO NEL PROGRAMMA
DI AIUTI DEL FONDO LIRE UNRRA PER I SERVIZI SOCIALI

1°) Dimostrare di poter disporre con sicurezza di un minimo di mezzi propri che le permettano di sostenere continuativamente, almeno in parte, le spese di funzionamento.
2°) Assicurare che vi sia una persona responsabile del buon andamento della scuola e che non abbia altre mansioni impegnative oltre l'incarico affidatole.

35. Nella rivista dell'AAI compare nel 1951 un interessante dibattito circa l'opportunità o meno di moltiplicare le scuole di servizio sociale esistenti in Italia. Interessante la posizione della Calogero che affermava la necessità di formare più assistenti sociali ma di non aumentare il numero delle scuole, tale punto di vista era condiviso da altre figure storiche di allora. Si temeva una formazione meno efficace, qualora il numero delle scuole fosse aumentato a dismisura.

3°) Assicurare che vi sia una persona che organizzi, segua e controlli le esercitazioni pratiche degli allievi e che non abbia altre mansioni impegnative oltre l'incarico affidatole.
4°) Documentare a norma degli ordinamenti scolastici, che la scuola dispone di un sufficiente numero di locali adatti sia dal punto di vista didattico che igienico, nonché delle attrezzature tecniche e dell'arredamento necessari.
5°) Richiedere quale titolo di studio valido per l'ammissione almeno il diploma o la licenza di scuola media superiore.
6°) Stabilire corsi di insegnamento della durata di due anni.
7°) Curare che, oltre alle materie di formazione (diritto, economia, statistica, ecc.) si impartisca l'insegnamento di:
a) legislazione riguardante i programmi previdenziali (Previdenza, Assicurazione malattie, Infortuni) e i programmi assistenziali (assistenza pubblica, assistenza all'infanzia, ecc.)
b) materie che consentono la conoscenza dell'individuo (Psicologia, Psichiatria, Igiene mentale)
c) metodi del lavoro sociale
8°) Curare che gli allievi possano svolgere un completo programma di esercitazioni pratiche consistenti:
– Per il primo anno in visite a carattere informativo presso gli enti previdenziali e assistenziali.
– Per il secondo anno in tirocinio individuale presso alcuni enti previdenziali ed alcuni enti assistenziali.
9°) Curare la costituzione di una biblioteca comprendente i libri e le riviste attinenti agli studi sociali.
10°) Curare la compilazione di dispense per gli allievi.
11°) Avere un anno di attività (per le scuole di nuova costituzione).[36]

Da notare, tra l'altro, la maggior specificazione dei tirocini e delle materie e l'introduzione più dettagliata della psicologia. Questa evoluzione andava di pari passo con la crescita delle scuole, che cominciavano ad avere alle spalle un piccolo patrimonio di esperienza, e una maggior competenza dei funzionari Aai.

Iniziò nella realtà delle scuole italiane una divaricazione destinata a divenire negli anni sempre più pronunciata, a scuole di ottimo livello si affiancarono strutture improvvisate e prive di spessore culturale adeguato.

36. Appunto di Giorgio Molino per Lodovico Montini, del 21 luglio 1950, Acs, Mi, Aai, b. 55.

L'AAI probabilmente avvertiva il pericolo insito in questo tipo di sviluppo già negli anni '50, ma non ebbe la forza né la possibilità di rettificare questo corso. La carenza di una normativa sul riconoscimento della figura professionale, che in Italia avvenne solo negli anni '80, provocò gravi ripercussioni negative nel mondo assistenziale.

In un secondo appunto datato ottobre 1952, Giorgio Molino aggiornava Lodovico Montini sulla situazione del programma dei contributi alle scuole di Servizio Sociale.[37]

Il 21 ottobre 1952, presso l'AAI, venne fissata una riunione per per decidere, finito il primo quinquennio del programma, le linee future.

Le prospettive erano due: continuare la formula del finanziamento diretto delle scuole, allargando il numero a 18 scuole, e in questo caso bisognava reperire i fondi; oppure cambiare il tipo di programma studiando un aiuto «che potrebbe concretizzarsi in varie iniziative come organizzazione di convegni, seminari, attuazione di un centro di studi, preparazione di libri di testo, traduzione di testi stranieri, studi speciali ecc».[38] Alla riunione parteciparono oltre a Lodovico Montini e a Giorgio Molino, i collaboratori AAI responsabili degli uffici interessati. Nel breve commento alla riunione, senza firma, si legge: «In sostanza non si decide niente di concreto. Il finanziamento per l'anno testé iniziato (N.d.R. 1952-1953) è assicurato sui fondi economizzati negli anni scorsi».[39]

Terminati i fondi del "Progetto Educativo", nel 1953, l'AAI optò per un programma articolato di assistenza tecnica alle scuole. Furono chiamati in Italia esperti ONU per divulgare alcune metodologie di servizio sociale, vennero tradotti e pubblicati testi, libri, dispense di servizio sociale, fu istituito presso l'AAI il comitato dei direttori delle Scuole, vennero organizzati seminari, ecc.

Per realizzare il programma di assistenza tecnica furono utilizzati i fondi della seconda parte del programma, quello relativo all'inserimento lavorativo degli assistenti sociali, mai realizzato.

Perché l'AAI abbandonò l'idea di finanziare direttamente le scuole? Tale ipotesi, infatti, pur studiata attentamente, ed in una certa fase data quasi per scontata, venne invece accantonata. La prima motivazione, pe-

37. Appunto di Giorgio Molino per Lodovico Montini, ottobre 1952, ACS, MI, AAI, b. 55.

38. *Ibidem*.

39. *Ibidem*.

raltro non sufficiente, è senz'altro legata all'impegno economico che tale opzione avrebbe comportato.

Molto probabilmente l'AAI cercava un apporto più incisivo circa la definizione dei metodi e nel disegno dell'architettura dello Stato assistenziale italiano. Proprio all'inizio degli anni '50 vi fu una polemica che vide contrapposti i cattolici e i comunisti circa la nascita di un ministero dell'assistenza. Di tale discussione si trovava un'eco già nel convegno di Tremezzo del 1946, ma senza i toni accesi che ebbe successivamente. I comunisti chiedevano a gran voce che la compagine governativa si dotasse di un ministero dell'assistenza, i cattolici, paventando il tentativo di imbrigliare e controllare il mondo assistenziale, per la maggior parte legato alla Chiesa, si opponevano.

La voce principale di questa opposizione era quella della POA di mons. Baldelli, dell'ONARMO.

L'AAI, dal canto suo, in quegli anni pubblicava una ricerca sugli *Enti ed organi di assistenza pubblica e privata*, nella quale censiva in Italia ben 23.000 enti assistenziali. Montini, nella prefazione a questa pubblicazione, non proponeva un dicastero, ma ribadiva tuttavia l'urgenza di un coordinamento attraverso un ente di diretta emanazione statale, e suggeriva che tale ente potesse essere l'AAI.[40] L'idea di Montini era che la funzione assistenziale fosse un elemento costitutivo dello Stato moderno:

> Il settore assistenziale sarà una delle nuove branche della vita statale o della collettività, così come lo Stato ha una scuola, una polizia, una organizzazione sanitaria, una disciplina dell'industria e del commercio, ecc.
> Ma anche qui occorre dirlo subito (per evitare l'eredità infausta dei settori già burocratizzati), il settore assistenziale rifiuta di assumere la standardizzazione del dicastero quale fu concepito da quel diritto pubblico che faceva di tutti i settori della attività statale un unico sistema amministrativo, con una sola fisionomia sociale e politica. Bisogna rompere questo incantesimo pseudo liberale.[41]

Mons. Baldelli risponderà polemicamente a tale impostazione ritenendo tale proposta un «imperdonabile errore».

40. Vedi la prefazione di Lodovico Montini a Vittorio Torri (a cura di), *Organi ed enti di assistenza pubblica e privata in Italia*, AAI, Roma 1953.

41. *Prefazione* di Lodovico Montini a Gordon Hamilton, *Teoria e pratica del servizio sociale*, Editrice Universitaria, Firenze 1953, p. VIII.

Montini vedeva le scuole di servizio sociale inserite organicamente nel moderno ordinamento assistenziale in Italia. Scrive ancora Montini:

> E quali sono i rapporti fondamentali che stabiliranno la base naturale di un moderno ordinamento assistenziale in Italia, su cui si assiderà la funzione pubblicistica dello Stato? Anzitutto una *preparazione professionale* per l'assistenza, con conseguente esercizio tecnico-professionale dell'assistenza in qualsiasi campo ove di assistenza si voglia parlare, il che significa la presenza di persone che abbiano la qualifica necessaria per l'attività assistenziale, ovunque esista o si crei una coscienza assistenziale.[42]

L'Aai nel programma di assistenza tecnica voleva, forse, iniziare questo coordinamento tecnico didattico delle scuole, in sintonia con un disegno più ampio relativo all'architettura assistenziale moderna di cui, secondo Montini, l'Italia doveva necessariamente dotarsi. Questo disegno non ebbe seguito: non nacque il temuto ministero dell'assistenza, non ci fu neanche il tentativo di una razionalizzazione e di un coordinamento come auspicato dall'Aai. Il dibattito sulla riforma dell'assistenza in Italia, che ha visto nel 2000 l'emanazione di una legge quadro, non si è ancora concluso e porta con sé la stratificazione di difficoltà e contrapposizioni storiche.

Complessivamente il finanziamento alle Scuole da parte dell'Aai è continuato fino al 1953, con una spesa complessiva di circa 250 milioni di lire.

Nel giugno del 1954 iniziava l'assistenza tecnica alle scuole, per cui furono utilizzati i fondi relativi all'inserimento lavorativo degli assistenti sociali del programma educativo. Si apriva, così, un nuovo periodo del rapporto tra l'Aai e le scuole di servizio Sociale di collaborazione intensa e feconda.

42. *Ibidem.*

4. Continuità *versus* innovazione. Le "scuole nuove" di servizio sociale alle prese con l'eredità del passato (1944-1953)

Il 26 marzo 1947 Giorgio Molino, capo del servizio assistenza dell'allora Delegazione del Governo italiano presso l'UNRRA, organismo in seguito denominato AAI, firmava un appunto nel quale trasmetteva l'elenco di tutte le Scuole di Assistenza Sociale esistenti in quel tempo, o per lo meno a lui note, e vi aggiungeva qualche breve cenno illustrativo.[1]

Queste esperienze formative, nell'immediato secondo dopoguerra, ebbero un ruolo decisivo per l'affermarsi della figura dell'assistente sociale in Italia. Più in generale, le "scuole nuove" furono rappresentative di un intenso dibattito politico e sociale che nel nostro paese attorno ai temi assistenziali si intrecciava con quello della democratizzazione e modernizzazione dell'Italia. Ambienti e settori sociali e politici esprimevano, infatti, una visione sul futuro dell'Italia. L'assistenza, in questa visione di un paese democratico e moderno, era considerata un elemento portante. Si potrebbe dire che ognuna delle scuole di servizio sociale nate in quel breve e fecondo periodo dell'immediato dopoguerra, esprimeva una identità, un modello formativo, che a sua volta, era collegato con un progetto assistenziale e politico più generale.

Infatti negli eventi che riguardavano le scuole, la loro nascita e il loro sviluppo, possiamo ritrovare tutti i temi del dibattito politico e sociale di allora. Uno tra questi, non ultimo, quello relativo alle persone, le strutture e gli ambienti, che erano stati legati al fascismo. Questo aspetto va ben considerato perché si inserisce molto bene nel dibattito generale dell'epoca. Da una parte l'esigenza di mettere tra parentesi l'esperienza del ventennio

1. Appunto di Giorgio Molino per Claudio Chiodelli, del 26 marzo1947, ACS, MI, AAI, b. n. 181, scheda n. pr. 37.

con il dramma della guerra ad esso collegata, dall'altra la concreta continuità nella prassi, negli uomini, nelle strutture, con il periodo fascista.

A questo riguardo è noto l'ampio dibattito storiografico circa l'epurazione all'interno della pubblica amministrazione delle persone coinvolte attivamente con il regime, o più esattamente della mancata epurazione. La burocrazia fascista resistette nell'Italia repubblicana con le sue nefaste conseguenze.[2] Per quel che riguarda il presente tema si registrano due posizioni diverse. Agostino Giovagnoli a questo proposito: «Un ruolo, in questa "politica dell'assistenza", è svolto da mons. Ferdinando Baldelli, della Pontificia Commissione Assistenza e fondatore dell'ONARMO, che torna con frequenza ad insistere sulla necessità di non discriminare gli ex fascisti, esponendo contemporaneamente le linee ispiratrici della politica assistenziale che egli vorrebbe imporre al governo».[3]

Come si ponevano, quindi, le "scuole nuove" nei confronti della passata esperienza della scuola del Partito nazionale fascista di Roma e con le assistenti sociali formatesi nel ventennio? La risposta non può essere univoca: accanto alle istanze di coloro che individuavano una soluzione di continuità con le pregresse esperienze, collocando il Servizio sociale e la formazione tecnica su di un piano fortemente innovativo e caratterizzato dall'esperienza antifascista, si registrava la presenza di coloro che rappresentavano la continuità con il passato fascista.

Maria Calogero al convegno di Tremezzo, in un già citato passaggio della sua relazione cerca di circoscrivere l'esperienza delle assistenti sociali di fabbrica fasciste.[4]

La sua relazione provoca una polemica.[5] Angela Zucconi nella sua testimonianza dà uno spaccato interessante su questo punto:

2. Si rimanda all'ampia bibliografia sull'argomento. Vedi tra l'altro Davide Conti, *Gli uomini di Mussolini, Prefetti, questori e criminali di guerra dal fascismo alla Repubblica italiana,* Einaudi, Torino 2017; Ginsborg, *Storia d'Italia dal dopoguerra a oggi*: «Il risultato fu che negli anni dal 1945 al 1947 nessuno degli apparati dello stato fu messo in discussione e non si fece alcun tentativo per rinnovare l'amministrazione centrale a Roma, grandemente dilatatasi sotto Mussolini. Nessuno degli enti speciali semi – indipendenti creati dal fascismo per intervenire nel campo dell'assistenza sociale o dell'economia fu sottoposto a una critica seria», p. 120.

3. Giovagnoli, *Le premesse della ricostruzione*, p. 235.

4. Calogero, *Necessità di una cultura storico-umanistica*, p. 618.

5. Di questa polemica oltre che tra le righe del resoconto del dibattito pubblicato negli atti del convegno, emerge dagli *Atti del 1° Convegno Nazionale Assistenti Sociali*, si veda in particolare la relazione di Rosetta De Stasi.

Alcune scuole erano già nate, altre stavano per nascere. Altre ancora si riaffacciavano per riprendere il posto che avevano avuto al tempo del fascismo. La voce più autoritaria era quella di una nobildonna che aveva diretto la scuola per Assistenti sociali di fabbrica del Partito nazionale fascista, una delle tre scuole di partito (insieme alla scuola per puericultrici e quella di economia domestica) e che allora dirigeva a Milano la scuola per Assistenti sociali del lavoro, fondata e finanziata dalla Confindustria. In aperto contrasto con il paternalismo di quella relazione, parlò Maria Calogero Comandini, che aveva diretto il movimento femminile del Partito d'Azione e si preparava insieme a Guido Calogero a fondare il Centro d'educazione professionale per assistenti sociali.[6]

La "nobildonna" di cui parla Angela Zucconi è molto probabilmente Paolina Tarugi, rappresentante, certo eminente e di tutto rispetto, di questa "continuità" con il passato. Maria Calogero, tuttavia, esprimeva una esigenza molto comprensibile, presente anche in altri campi e in altri settori della vita nazionale in quel periodo: circoscrivere l'esperienza della scuola fascista, metterla tra parentesi, e dare vita ad esperienze completamente nuove. Il modello che doveva emergere era quello di una assistente sociale, moderna, libera, autonoma, non un burocratico funzionario amministrativo, ma figura centrale nel promuovere i valori della democrazia, della libertà, della giustizia, nulla a che vedere, dunque, con l'esperienza della scuola fascista.

Le scuole "nuove" avevano l'esigenza di "chiudere" con l'esperienza passata, considerandola conclusa e comunque ininfluente nel nuovo ruolo che si cercava di enucleare per l'assistente sociale del dopoguerra

Questa esigenza, pur comprensibile storicamente, ha fatto sì che anche nei tentativi di lettura successivi, si è teso a vedere l'esperienza del periodo fascista come un fatto, oltreché negativo, circoscritto e soprattutto concluso, con delle ripercussioni molto limitate nel futuro del servizio sociale.

La realtà non fu esattamente questa. Odile Vallin riporta nella sua relazione a Tremezzo il dato di 500 assistenti sociali diplomate in 20 anni in Italia. Poche rispetto alle 10 mila diplomate nello stesso periodo in Inghilterra, o alle 6 mila diplomate in Belgio, o alle 7 mila in Francia.[7] Poche, ma anche le uniche. Quello numerico, poi, non è che un aspetto marginale dell'eredità lasciata dalla scuola fascista. Ritroveremo molti nomi, nella

6. Angela Zucconi, *Cinquant'anni nell'utopia, il resto nell'aldilà*, L'ancora del Mediterraneo, Napoli 2000, p. 85.

7. Vallin, *Problemi della formazione tecnica*, p. 743.

direzione delle scuole, nel mondo dell'assistenza che negli anni del ventennio si erano formate.

Quale era allora la situazione delle Scuole pochi mesi dopo il Convegno di Tremezzo? Il documento di Giorgio Molino è datato marzo 1947 e cronologicamente si colloca negli stessi giorni nei quali veniva discusso dal Comitato di Controllo per il Fondo Lire il "Progetto Educativo". Tale progetto prevedeva lo stanziamento di oltre 440 milioni di lire per finanziare le Scuole e per favorire l'inserimento lavorativo degli assistenti sociali diplomati.

L'elenco predisposto da Molino è, quindi, il primo fedele ritratto delle Scuole esistenti nel 1947, e riporta il quadro di un periodo estremamente fecondo, nel quale, in ambienti diversi e solo in parte tra loro collegati, le scuole assumevano la loro fisionomia, in modo simile per certi aspetti, ma anche originale, rappresentando sensibilità e interessi differenti tra loro.

Le scuole brevemente descritte da Molino sono sette. Quattro, invece, le scuole in via di costituzione in altrettante città italiane. L'elenco segue un ordine di importanza ben preciso. Nel marzo del 1947, quindi, risultavano funzionanti quattro scuole a Milano e tre a Roma. La prima ad essere citata è la *Scuola pratica di Servizio sociale* di Via Mercalli 23, a Milano, diretta da Odile Vallin e formatasi nel 1944, Molino affermava testualmente: «La prima Scuola a sorgere nell'autunno del '44 a Milano fu la SCUOLA PRATICA DI ASSISTENZA SOCIALE. L'iniziativa è merito della Cia. di S. Paolo sostenuta dall'Opera Cardinal Ferrari».

Segue nell'elenco la *Scuola di Servizio Sociale* ospitata, sempre a Milano, dalle suore canossiane in Via Lanzone 53. Viene poi indicata la *Scuola Nazionale per Assistenti Sociali del Lavoro*, sorta sotto gli auspici dell'Unione Nazionale delle Scuole di Assistenza al Lavoro, diretta da Paolina Tarugi, l'indirizzo indicato è a Roma, via 4 novembre 144. La quarta scuola ad essere elencata è quella dell'ONARMO fondata a Roma, secondo il documento di Molino, nell'agosto del '46 e sita in Via di San Gregorio al Celio, denominata *Scuola Superiore di Servizio Sociale*, diretta dalla Lombardi. Non manca nell'elenco la neonata *Scuola per l'Educazione Professionale di Assistenti Sociali*, il CEPAS, di Roma, diretta da Guido Calogero, a Piazza Cavalieri di Malta 2. Ancora a Milano viene indicato il *Corso Biennale di Assistenza Sociale*, diretto dalla Lucia Corti Marsan, in via Daverio 7, presso la Società Umanitaria. L'ultima scuola dell'elenco è *La Scuola Italiana di Servizio Sociale* di Roma, diretta da Don de Menasce, in Via A. Depretis 86.

Si segnalava, infine, l'imminente apertura di altre 4 scuole: «si sono costituiti dei Comitati di Studio per la fondazione di 'Scuole Sociali' a Venezia, Padova, Firenze e Palermo».[8] Questo documento di Molino doveva servire come base per la riunione del 27 marzo del 1946, quando il Comitato di Controllo del Fondo Lire esaminava il preventivo relativo al finanziamento del "Programma educativo" che prevedeva lo stanziamento di più di 440 milioni di lire per finanziare le "scuole sociali" e per «garantire l'impiego iniziale degli studenti diplomati».[9]

Normalmente quando si parla delle Scuole di servizio sociale nate nel secondo dopoguerra, immediatamente le si incasellano nelle diverse sigle: cattoliche, laiche e indipendenti. Le sigle delle scuole di Servizio sociale sono le seguenti: Ensiss (Ente Nazionale scuole italiane di Servizio Sociale) si costituisce a Roma ad opera di Mons. De Menasce nel 1947 e raccoglie la Scuola Pratica di Assistenza Sociale di Milano e la Scuola Italiana di Servizio Sociale di Roma; l'Onarmo (Opera Nazionale assistenza religiosa morale degli operai), nata nel 1922, e guidata da mons. Baldelli svolgeva attività assistenziali nell'ambito delle fabbriche delle famiglie delle parrocchie. La Scuola, dichiaratamente cattolica, femminile sorge a Roma in Via di San Gregorio al Celio, la stessa sede della scuola del Partito nazionale fascista (tra le direttici Virginia Delmati); l'Unsas guidata da Riccardo Bauer, (Unione Nazionale per le scuole di Assistenti Sociali) raccoglie scuole di ispirazione laica tra cui la scuola di Milano, diretta da Paolina Tarugi e nel primissimo periodo anche il Cepas di Roma fondato da Guido e Maria Calogero che in seguito diventerà una scuola indipendente; e infine un gruppo di Scuole indipendenti e non aderenti a nessuna delle sigle predette.

Bisogna precisare, che seppure a distanza di pochi mesi o settimane l'esigenza di raggruppare le scuole secondo il loro orientamento culturale e politico non nasce contemporaneamente alla nascita delle scuole. Ad ec-

8. Tale elenco non corrisponde del tutto a quello riportato da Rosa Bernocchi Nisi. La fonte utilizzata da questa autrice è l'Archivio della Società Umanitaria di Milano. Credo si possa ragionevolmente sostenere, che l'elenco di Molino, proprio perché stilato all'epoca dei fatti, sia più completo ed esatto. Cfr. Rosa Bernocchi Nisi, *L'origine delle scuole per assistenti sociali nel secondo dopoguerra,* in *Le scuole di servizio sociale in Italia*, elenchi riportati alle pp. 34 e 35.

9. Allegato al Verbale XVII riunione Comitato di Controllo Fondo Lire del 29 marzo 1947 Mi, Aai, b. 48. Nel documento sono utilizzate indifferentemente le diciture *Programma* e *Progetto*.

cezione della sigla ONARMO che nasce nel 1922, ma che nel 1947 ha solo la scuola di Roma, le altre sigle nascono in un momento immediatamente successivo a quello delle Scuole che intendono rappresentare. Questa seppur limitata sfasatura temporale è assai indicativa. Le prime scuole avevano una identità molto spiccata e definita, legate come erano alle figure carismatiche dei loro fondatori, le sigle raggruppavano, invece, le scuole secondo caratteristiche generali ma il risultato fu quello di unire in modo talvolta forzato mondi non del tutto sovrapponibili e neppure omogenei. L'esempio del CEPAS di Roma è emblematico. Dopo una prima adesione all'UNSASS (sigla che avrebbe dovuto riunire le scuole di ispirazione laica) Guido e Maria Calogero con un contenzioso lungo e doloroso se ne separano per ragioni di vedute soprattutto politiche anche in merito alla scelta dei docenti. Ma nella stessa sigla ENSISS le frizioni tra la Odile Vallin e Don de Menasce hanno lasciato traccia nella memoria dei testimoni del periodo. Basti dire che questo primo nucleo di Scuole esprimeva caratteristiche molto pronunciate e forti identità. Tutto questo rappresentava indubbiamente una ricchezza, nel tempo però si è trasformato in un punto di debolezza.

Tra i documenti che testimoniano la nascita delle sigle uno in particolare è di estremo interesse. Riguarda la nascita della sigla ENSISS e della scuola SISS di Roma. In una lettera a firma di Vittorino Veronese, Presidente dell'Azione Cattolica,[10] indirizzata a Lodovico Montini e datato 4 novembre 1946, viene prospettato un problema di «assoluta urgenza ed importanza».[11] Il problema attorno al quale Veronese chiedeva a Monti-

10. Vittorino Veronese è stato Presidente dell'Azione Cattolica Italiana fino al 1952. «Nella sua visione, l'impegno dell'Azione Cattolica doveva essere quello di promuovere la formazione spirituale di nuclei omogenei ed impegnati di laici che avrebbero poi dovuto svolgere un ruolo soprattutto nell'attività sociale dove, secondo il suo pensiero, i cattolici erano chiamati ad una funzione di avanguardia, mentre in campo politico dovevano impegnare le proprie forze nella difesa e conservazione dell'assetto democratico dello stato. E l'organizzazione accentrata doveva servire proprio a consentire il massimo di unità possibile in campo sociale, secondo quanto in quel momento richiedeva la gerarchia. A Veronese spettava il compito di gestire il rodaggio dei nuovi ordinamenti e di operare una riorganizzazione della Azione cattolica misurandola con i problemi notevoli della prima fase della ricostruzione del paese: tra di essi un posto particolare aveva quello della nuova costituzione dello Stato». Arturo Parisella, *Mondo cattolico e Democrazia cristiana*, in *Storia del Movimento cattolico in Italia,* vol. VI, Il Poligono, Roma 1981, p. 120.

11. ACS, MI, AAI, b. 47, Nota personale 4.11.1946 all'onorevole Montini a firma avv. Vittorino Veronese.

ni di raccogliere l'attenzione sua e di «diversi componenti del Governo e persone competenti» era spiegato in un "memorandum", senza firma, nel quale si sottoponeva l'idea di fondare una scuola di Servizio Sociale e di dare vita ad un consorzio per collegare le scuole cattoliche. La Scuola che nacque da questa prima bozza di progetto era quella di Don de Menasce a Roma, e il gruppo cattolico fu poi quello dell'Ensiss (Ente Nazionale per le Scuole Italiane di Servizio Sociale). Per spiegare la bontà di tale progetto l'estensore del memorandum denuncia alcuni «Tentativi di monopolio da forze non cattoliche». Il Convegno di Tremezzo era una tappa di questo percorso, e il convegno, nell'interpretazione data dal documento, doveva servire a supportare la proposta di istituire il temuto Ministero per l'Assistenza.

Si legge nel documento:

> I – I campi di attività nel servizio sociale
> In tutti i paesi progrediti e civilmente meglio organizzati si è visto l'assistenza sociale moltiplicare la sua attività e moltiplicare i campi di intervento: [...] (segue elenco dei campi di intervento dell'assistenza sociale)
> II – Situazione in Italia
> In Italia gran parte delle suddette mansioni sono svolte da funzionari e burocrati, senza preparazione specifica e persone benefiche, animate di buona volontà, ma senza alcuna preparazione tecnica. In questo momento, a causa degli incontri con l'estero, si è venuta violentemente destando, la coscienza della necessità della assistenza sociale tecnica:
> a) – Tentativi di monopolio da forze non cattoliche. Mentre l'assistenza sociale dovrebbe avere come unico fine il miglioramento dell'uomo assistiamo al tentativo di fare dell'assistenza sociale unicamente un'arma di propaganda e dinamismo politico. Questo tentativo di aggiramento ha avuto le seguenti tappe:
> 1) – Creazione del Ministero Assistenza Post – Bellica, con bilanci di somme ingenti, nelle mani esclusive dei partiti di estrema sinistra
> 2) – Creazione di un personale tecnicamente preparato attraverso scuole di evidente indirizzo e ispirazione social – comunista. Queste scuole sono largamente sovvenzionate e sostenute da un Consorzio formato dai Ministri del Lavoro, dell'Assistenza Post – Bellica, dai grandi Enti Assicurativi e Previdenziali, dall'U.D.I., dall'Umanitaria, con l'esclusione di Associazioni cattoliche.
> 3) – Tentativo di monopolizzare il titolo e l'esercizio professionale di Assistenti Sociali solo ai frequentanti delle sopra dette scuole.

> 4) – Corso di assistenza sociale di Tremezzo, tenuto allo scopo di presentare, come presentare come espressione di una volontà universale il progetto di unificazione di tutta l'assistenza, sotto la direzione di un unico Ministero.
> b) – Nostra reazione – Le opere cattoliche, malgrado il loro numero e la loro varietà così imponenti, si trovano in pericolo, per mancanza di personale preparato tecnicamente, di essere combattute, controllate e praticamente sostituite da opere, che non hanno il nostro spirito, ma applicano quei metodi moderni, che sono diventati, nel campo dell'assistenza sociale, altrettanto necessari quanto la competenza medica nella cura degli ammalati.
> Per rimediare a tale situazione non bastano le scuole cattoliche già esistenti (Scuola della Cardinal Ferrari e della Associazione Educativa Italiana a Milano Scuola dell'O.N.A.R.M.O. a Roma). È necessario fondare una scuola, aperta a uomini e donne e capaci di preparare, non soltanto gli assistenti sociali che lavorano nei settori già aperti alla loro attività, ma funzionari dei Ministeri o dirigenti dei grandi Enti Assistenziali anche personale, capace di occupare nuovi posti che il progresso sociale aprirà.[12]

La lettura dei problemi relativi alla formazione degli assistenti sociali, e più in generale dei temi dell'Assistenza, appare fortemente polarizzata in chiave anticomunista e alcune delle affermazioni contenute nel documento appaiono delle forzature. Ma quanto si sostiene nel "Memorandum" stupisce ancora di più se visto nella prospettiva del progetto ad esse collegato. Il gruppo delle scuole Ensiss, come è noto, nasce e si sviluppa su posizioni e contenuti che si andranno a confrontare più con le scuole "cattoliche" dell'Onarmo, che con quelle "laiche" e "comuniste". Interessante è quindi il fatto che per motivare la nascita e lo sviluppo di scuole nuove, si faccia leva su di un argomento di sicuro effetto in alcuni ambiti cattolici. Nel mondo cattolico, infatti, le posizioni si andavano polarizzando in chiave anticomunista e una delle accuse rivolte alla Democrazia Cristiana in quei mesi era proprio «la debolezza della campagna anticomunista».[13]

12. Acs, Mi, Aai, b. 47, Nota personale 4.11.1946 all'onorevole Montini a firma avv. Vittorino Veronese. Acs, Mmi, Aai, b. 47. Allegato. Tale documento ha una certa importanza perché è il primo abbozzo di proposta che porterà alla fondazione dell'Ensiss e della Scuola Italiana di Servizio Sociale di Roma, poi diretta da de Menasce.

13. Si vedano le considerazioni contenute in Pietro Scoppola, *La proposta politica di De Gasperi,* Il Mulino, Bologna 1997, dove è riportato il contenuto di un verbale del 10 gennaio 1947 della Presidenza generale dell'Azione Cattolica, l'intervento verbalizzato di Luigi Gedda, tra l'altro, sostiene: «Tre errori vengono imputati alla DC: a) la presa di posizione a favore della repubblica, mentre poteva rimanere indifferente; b) l'atteggiamento

L'estensore del "memorandum" era probabilmente a conoscenza del fatto che a Tremezzo fossero state tenute a battesimo due scuole di servizio sociale, Il Cepas di Roma e la Scuola Unsas di Milano diretta da Lucia Corti Marsan, ma l'interpretazione eccessivamente forzata e schematica porterebbe a pensare che, chi scriveva, non fosse presente ai lavori del Convegno di Tremezzo.

L'amministrazione Aai, con il Programma educativo inaugurato nel 1947, mostrava quindi un certo interesse nel promuovere lo sviluppo delle Scuole. È Lodovico Montini stesso a precisare in uno scritto dei primi anni '50 il posto strategico ed organico delle scuole di servizio sociale nel «moderno ordinamento assistenziale in Italia», «E quali sono i rapporti – scrive Montini – fondamentali che stabiliranno la base naturale di un moderno ordinamento assistenziale in Italia, su cui si assiderà la funzione pubblicistica dello stato? Anzitutto una *preparazione professionale* per l'assistenza, con conseguente esercizio tecnico-professionale dell'assistenza in qualsiasi campo ove di assistenza si voglia parlare, il che significa la presenza di persone che abbiano la qualifica necessaria per l'attività assistenziale, ovunque esista o si crei una coscienza assistenziale».[14] L'Aai nel programma di assistenza tecnica voleva, forse, iniziare questo coordinamento tecnico didattico delle scuole, in sintonia con un disegno più largo relativo all'architettura assistenziale moderna di cui, secondo Montini, l'Italia doveva necessariamente dotarsi.

Il programma di finanziamento dell'Aai ebbe inizio negli anni 1947-1948. Le scuole interessate nel primo anno furono nove. In pratica tutte le scuole allora esistenti usufruirono degli aiuti dell'Aai. Quattro scuole a Roma, due a Milano, una a Torino, una a Trento ed una a Palermo. Quali sono queste scuole? Il documento in questione non ne fa un elenco, è possibile, tuttavia, ricavarlo sulla base di altri documenti contemporanei.

A Roma le scuole finanziate furono: *Centro di Educazione Professionale per Assistenti Sociali,* aderente all'Unsas, diretta da Guido Calogero; *Scuola Italiana di Servizio Sociale*, aderente all'Ensiss, diretta da Don Giovanni C. De Menasce; *Scuola Superiore di Assistenza Sociale*, aderente all'Onarmo, diretta da Carla Lombardi; *Scuola Nazionale per Dirigenti Del Lavoro Sociale*, indipendente, diretta da Mario Ponzo. A Mi-

consenziente ai partiti di sinistra nella pesantezza e nelle ingiustizie dell'epurazione contro gli uomini di buona fede; c) la debolezza della campagna anticomunista», p. 249.

14. Montini, *Prefazione* a Hamilton, *Teoria e pratica del servizio sociale*, p. VIII.

lano: *Scuola Pratica di Assistenza Sociale,* aderente all'Ensiss, diretta da Odile Vallin; *Scuola Nazionale per Assistenti Sociali del Lavoro,* aderente all'Unsas, diretta da Paolina Tarugi; a Torino: *Scuola per Assistenti Sociali,* aderente all'Unsas, diretta da Lia Carli. A Trento: *Scuola Superiore di Servizio Sociale,* aderente all'Ensiss, diretta da Antonia Pruner. A Palermo: *Scuola Italiana di Servizio Sociale,* aderente all'Ensiss, diretta da Livia Massaria.

Le scuole Ensiss erano quattro, le scuole Unsas erano tre, una la Scuola dell'Onarmo, e una Scuola indipendente. Per il primo anno del programma la spesa fu di 17.238.327 di lire. La cifra calcolata per ogni singola scuola per le spese dei docenti fu di 1.064.000 di lire. Di 319.992 lire per la persona responsabile delle esercitazioni pratiche, per la biblioteca, l'acquisto di libri e di riviste e la stampa di dispense fu di 500 mila lire annue. Ogni scuola tra premi e borse di studio per gli allievi percepiva circa altre 550 mila lire.

Nell'anno successivo, 1948-1949, si aggiunsero tre nuove Scuole: quella di Venezia, la *Scuola di Servizio Sociale*, gruppo Ensiss, diretta da Don Alessio d'Este; la *Scuola di Servizio Sociale* di Firenze, consociata all'Ensiss e diretta da Giuliano Mazzoni; infine la *Scuola per Assistenti all'Infanzia* Montessoriani, diretta da Adele Castagnocchi. L'istituto era, ovviamente, più a carattere pedagogico che assistenziale.

Le scuole di servizio Sociale, quindi, da nove passarono ad undici. Le scuole del gruppo Ensiss divennero sei. In questo anno venne modificata, su richiesta delle stesse scuole, la modalità di erogazione delle borse di studio agli studenti che aveva creato qualche difficoltà. Nel 1948-1949 la cifra stanziata fu di poco superiore ai 31 milioni di lire. Nell'anno successivo il numero delle scuole che usufruirono del finanziamento non aumentò, la cifra stanziata fu di lire 36.764.959. Le scuole beneficiarie dei finanziamenti del programma da 12 divennero 14 nell'anno 1951-52, si aggiunsero due scuole Onarmo: a Napoli la *Scuola Italiana di Servizio Sociale ed Esperti del Lavoro*, diretta da Vincenzo Maria Palmieri; a Bari venne ammessa ai finanziamenti la *Scuola Superiore di Assistenza Sociale per il Mezzogiorno d'Italia* diretta da Michele Del Vescovo.

Un primo dato da rilevare riguarda lo sviluppo quantitativo e la distribuzione geografica delle scuole alla fine degli anni '40 e all'inizio degli anni '50.

Franco Martinelli, nel suo studio del 1965, ci informa di una crescita delle scuole Onarmo a ritmi travolgenti. Nel 1948 apriva la scuola di Napoli, nel 1949 quella di Bari, nel 1950 quella di Reggio Calabria. Nel 1951 sorgevano scuole a Padova e Taranto, nel 1952 a l'Aquila, a Palermo e a Pavia, nel 1953 apriva la scuola di Torino, ed infine nel 1955 la scuola di Ancona. Dal 1948 al 1955 aprirono, quindi, 11 scuole Onarmo. Altre ancora ne nacquero negli anni successivi.

A questa espansione frenetica del gruppo Onarmo non corrispondeva una analoga crescita delle altre sigle che vedevano un aumento contenuto del numero delle loro scuole. L'Unsas apriva nel 1952 la Scuola a Napoli, l'Ensiss completò il numero con la scuola di Bologna, di Trieste nel 1950 e con la scuola di Messina nel 1953.[15] Nel 1950 nasceva la scuola, indipendente, per Religiose a Roma. Nel 1960 l'Aai censiva 55 scuole di servizio sociale: 20 del gruppo Onarmo, 9 del gruppo Ensiss, 4 del gruppo Unsas e le restanti 22 scuole indipendenti. Tra queste ultime, alcune possedevano un buon livello didattico, altre avevano un livello di insegnamento estremamente insufficiente. Questa crescita anarchica e tumultuosa delle scuole (iniziata proprio negli anni '50), era da attribuirsi in parte alle iniziative locali, decisamente improvvisate; e dall'altra all'iniziativa Onarmo. La diffusione e la nascita delle sue scuole rispondeva ad una "ideologia assistenziale" che Mons. Baldelli stava mettendo in atto confrontandosi a più riprese con lo stesso mondo politico cattolico[16]. Con l'ampliarsi delle attività assistenziali della 'Pontificia' e dell'Onarmo, cresce la necessità di preparare personale assistenziale professionale di fede cattolica. Le 84 assistenti sociali uscite dai primi due corsi della scuola Onarmo di Roma vennero «assunte come tali dall'Onarmo e dalla POA o da altri organismi d'assistenza».[17]

Guardando la "geografia" della diffusione delle scuole Onarmo, si può osservare che esse sorgevano anche in città dove erano presenti le scuole di ispirazione cattolica dell'Ensiss, scuole che evidentemente non davano garanzie sufficienti di "cattolicità". Tina Bosco, figlia della scuola Onarmo di Roma, in una sua ricostruzione fatta negli anni 77-78, non senza orgoglio di appartenenza, sottolineava il fatto che le scuole Ensiss, pur essendo di ispirazione cristiana non lo dichiaravano: «La prima connotazione delle scuole Onarmo è di dichiararsi di ispirazione cristiana (esiste anche un

15. Cfr. Martinelli, *Gli assistenti sociali nella società italiana.*

16. Sul confronto tra Baldelli e il mondo politico cattolico vedi Giovagnoli, *Le premesse della ricostruzione.*

17. Bosco, *Le origini e le vicende delle Scuole di Servizio sociale.*

altro gruppo di ispirazione cristiana, ma che non si voleva deliberatamente dichiarare che è il gruppo Ensiss; in tutti i nostri programmi, invece lo si diceva)».[18]

A fronte di questa crescita numerica delle scuole, l'Aai risponde cercando di limitare con una selezione più rigida il numero di scuole beneficiarie dei finanziamenti. L'Onarmo non riuscì a garantire un adeguato livello culturale e scientifico in tutte le sue scuole. Il personale insegnante, le sedi di tirocinio, le sedi dei corsi venivano messi insieme in tutta fretta e in modo talvolta improvvisato.

Un altro importante documento, "scuole di servizio sociale", offre una seconda fotografia sulla situazione degli enti formativi a 5 anni di distanza dalla prima[19].

È una nota riservata che offre uno spaccato molto franco nell'analisi e nei giudizi. Proprio per la sua importanza è utile riportarne con ampiezza il contenuto.

SITUAZIONE DELLE SCUOLE DI LAVORO SOCIALE
ROMA – Scuola Italiana di Servizio Sociale

Scuola dell'Ensiss – Direttore Don De Menache (sic!) – Scuola ad indirizzo cattolico. La scuola gode del maggior contributo finanziario da parte dell'Ensiss (£. 3.000.000). Ha istituito un proprio centro di esercitazioni per allievi chiamato "Cittadella dei Ragazzi" che sembra dia dei buoni risultati quantunque rappresenti un notevole onere finanziario.

– Centro Educazione Professionale per Assistenti Sociali 'C.E.P.A.S.'

Consociato all'Unsas – Direttrice f.f. dott.ssa Angela Zucconi. Il Direttore titolare prof. Calogero non ha ancora rassegnato le dimissioni: vi è di conseguenza una situazione di frizione tra lui e l'Unsas, situazione che non consente a quest'ultima di prendere tutti quei provvedimenti che si sono resi necessari per un soddisfacente andamento amministrativo della scuola. La scuola è stata fondata dall'ex Ministro della Post Bellica con una impostazione conseguente alle direttive del ministro del tempo. Con la soppressione del Ministero e con il cambiamento di vari elementi nella Presidenza dell'Unsas la scuola ha perduto quella sua particolare fisionomia politica. Con la soluzione del problema Calogero non ci sarebbe più alcuna osservazione da fare sull'indirizzo della scuola. La scuola vive esclusivamente sui fondi dell'Inail e dell'Aai.

18. *Ibidem*.

19. Appunto di Giorgio Molino per Lodovico Montini, ottobre 1952, Acs, Mi, Aai, b. 55.

Nonostante le predette difficoltà la scuola sembra avviata ad un miglioramento dal punto di vista tecnico.

– Scuola Nazionale per Dirigenti del Lavoro Sociale

Direttore prof. Mario Ponzo – scuola indipendente, finanziata dall'ENPI Ente Nazionale Prevenzione infortuni. Presidente del Consiglio di Amministrazione on. le AVV. Mastino De Rio.

La scuola ha sede presso l'Istituto di Psicologia dell'Università di Roma di cui è Preside il prof. Ponzo. Chi dispone dell'andamento della Scuola è soltanto il prof. Ponzo; infatti, non ha mai funzionato il Consiglio dei professori anche per l'eccessivo numero in programma (46 insegnanti). I programmi sono ben sviluppati dal punto di vista delle materie di preparazione generale ma è assolutamente insufficiente dal punto di vista della tecnica e di lavori pratici. Dato il difficile temperamento del prof. Ponzo non è facile per chicchessia influire sull'andamento della scuola.

– Scuola Superiore di Servizio Sociale 'ONARMO'

Direttrice, dott.ssa Carla Lombardi – Scuola ad indirizzo cattolico organizzata dall'ONARMO – La Scuola mira a fornire elementi per i servizi sociali dell'ONARMO – La Scuola è finanziata dall'ONARMO e dall'AAI.

– Scuola per Assistenti all'Infanzia Montessoriani

Direttrice prof.ssa Adele Costagnocchi – La scuola dipende dall'Ente Montessori di cui è presidente l'On.le Jervolino. Come già noto la Scuola è più a carattere pedagogico che a carattere assistenziale.

MILANO – Scuola Pratica per Assistenti Sociali

Direttrice dott.ssa Alba Canali – Scuola della Compagnia di S. Paolo associata all'ENSISS. Scuola a carattere cattolico. La scuola è stata diretta fino allo scorso anno dalla dott.ssa Vallin la quale ha dato un ottimo impulso alla scuola che risulta fra le meglio organizzate.

– Scuola per Assistenti Sociali

Direttrice prof.ssa Paolina Tarugi – La Scuola è consociata all'UNSAS ma non ha la stessa origine di quella di Roma; nel complesso funziona abbastanza bene ma è impostata ancora sui vecchi principi dell'assistenza di fabbrica.

TORINO – Scuola Assistenti Sociali

Direttrice dott.ssa Lia Carli – La scuola è consociata all'UNSAS, il suo funzionamento è soddisfacente.

VENEZIA – Scuola di Servizio Sociale

Direttore Don Alessio d'Este – consociata all'ENSISS. la Scuola, nei suoi primi due anni di attività ha lasciato molto a desiderare tanto che si è reso necessario porre come condizione la cessazione dei contributi AAI nel caso in cui la Scuola non si fosse posta su un piano di maggior efficienza. Il nostro intervento pare abbia dato buoni risultati; tuttavia sarebbe opportuno visitarla al fine di rendersi conto dei progressi raggiunti.

TRENTO – Scuola Superiore di Servizio Sociale
Direttrice dott.ssa Antonia Pruner – consociata all'Ensiss – La Scuola al suo inizio appariva molto modesta. In questi tre anni di attività ha fatto tuttavia dei notevoli progressi tanto che ora può considerarsi tra le meglio organizzate.
FIRENZE – Scuola di Servizio Sociale
Direttore prof. Giuliano Mazzoni – Scuola indipendente pure essendosi consociata all'Ensiss. La Scuola ha una impostazione troppo accademica e dovrebbe essere meglio organizzata per tutta la parte riguardante la pratica del lavoro sociale.
PALERMO – Scuola Italiana Servizio Sociale
Direttrice dott.ssa Lydia Massaria – Scuola della Compagnia di S. Paolo consociata all'Unsas[20] Funziona abbastanza bene per quanto sia di livello modesto rispetto alle altre scuole.
NAPOLI – Scuola Italiana di Servizio Sociale ed Esperti del Lavoro
Direttore prof. Vincenzo Maria Palmieri dell'Istituto di Medicina Legale dell'Università di Napoli. La Scuola è sostanzialmente indipendente essendosi appoggiata all'Onarmo esclusivamente per ottenere i fondi necessari al suo funzionamento. Lo scorso anno la scuola non fu ammessa agli aiuti perché il suo funzionamento non risultò rispondente ai nostri intendimenti. A seguito di ciò la scuola si è portata quest'anno su un piano di maggior efficienza ed è stata pertanto ammessa agli aiuti. È necessario tuttavia effettuare una visita alla Scuola per rendersi conto dell'entità dei progressi fatti.
BARI – Scuola Superiore di Assistenza Sociale per il Mezzogiorno d'Italia
Direttore dott. Michele Del Vescovo. La Scuola è alle dipendenze della Delegazione Pugliese dell'Onarmo da cui trae il finanziamento per le spese non coperte dai contributi dell'Aai. La Scuola è stata ammessa quest'anno agli aiuti e appare sufficientemente bene organizzata.[21]

È possibile vedere, già negli anni 50 qualche elemento di crisi nelle sigle che raggruppavano le scuole, con alcuni segni di fatica che forse in seguito ne determinarono la conclusione. La crisi, ad esempio, tra il Cepas e l'Unsas, è così descritta da Molino: «Il direttore titolare prof. Calogero non ha ancora rassegnato le dimissioni: vi è di conseguenza una situazione di frizione tra lui e l'Unsas, situazione che non consente a quest'ultima di pendere tutti i provvedimenti necessari per un soddisfacente andamento

20. Si tratta di un errore del testo del documento: la scuola di Palermo è consociata all'Ensiss.

21. *Ibidem.* Le sottolineature sono del testo del documento.

amministrativo della scuola. La scuola è stata fondata dell'ex Ministro della Post-Bellica [il comunista Emilio Sereni N.d.A.] con una impostazione conseguente alle direttive del ministro del tempo. Con la soppressione del Ministero e con il cambiamento di vari elementi nella Presidenza dell'UNSAS la scuola ha perduto quella sua particolare fisionomia politica».[22] Il contrasto tra il CEPAS e l'UNSAS fu notevole e portò all'uscita della scuola dall'Unione.

Il contenzioso riguardava la presenza di docenti considerati comunisti nei corsi CEPAS. Con l'uscita della CIGL dal gruppo degli enti che sostengono l'UNSAS, cambia anche la dirigenza, e forse la connotazione politica dell'Unione divenne più precisa.

Le persone che restarono, determinando i contenuti didattici dell'UNSAS, erano quelle più legate ad una vecchia impostazione di assistente sociale di fabbrica, di cui Paolina Tarugi era, forse, l'elemento più eminente e rappresentativo. Al di là delle letture ideologiche, che pure si sono fatte, questo tipo di impostazione risentiva dei segni del tempo. Già nel 1953, a proposito della scuola UNSAS di Milano, Molino affermava: «funziona abbastanza bene ma è impostata ancora sui vecchi principi dell'assistenza di fabbrica».[23]

Le scuole dell'ONARMO hanno vissuto nel 1973 una profonda crisi che portò allo scioglimento del gruppo. L'inizio di tale processo va forse cercato all'inizio di questa espansione "conquistatrice" e incontrollata senza strutture e personale adeguato.

Le scuole dell'ENSISS, infine, unite dalla forte personalità di Don De Menasce e dalla sorella Josette Lupinacci, portavano avanti esperienze didattiche, nella maggior parte dei casi, di buon livello, ma ciascuna era fortemente caratterizzata da un'impostazione originale che le differenziava, e le difficoltà all'interno del gruppo non erano poche.[24]

Nell'archivio abbiamo una traccia evidente di queste difficoltà interne. Dall'agosto del 1949 iniziano a pervenire all'AAI richieste dalle scuole associate di essere finanziate direttamente senza passare attraverso l'amministrazione centrale di Roma dell'ENSISS. Sono delle vere e proprie lamentele alle quali l'AAI risponde iniziando a pagare direttamente le Scuo-

22. Appunto di Giorgio Molino per Lodovico Montini, ottobre 1952, ACS, MI, AAI b. 55.
23. *Ibidem*.
24. *Ibidem*.

le. La motivazione di tale decisione sembrava non essere nota alla dirigenza Ensiss che, infatti, ne chiese ragione a Lodovico Montini, tale questione finanziaria, dice qualcosa circa i rapporti tra le scuole associate e l'Ensiss.

La nota riservata, parlando della Scuola Ensiss di Roma non dà valutazioni né positive né negative, ma riporta significativamente «La scuola gode del maggior contributo finanziario dell'Ensiss (£. 3.000.000)»

Iniziò nella realtà delle scuole italiane una divaricazione destinata a divenire negli anni sempre più pronunciata. Da una parte iniziava il prolifico ed incontrollato sviluppo numerico, sviluppo di cui l'Onarmo fu solo in parte responsabile, di scuole senza precisi orientamenti didattici, con personale docente preparato sommariamente, con diversissimi requisiti di ingresso degli allievi e di sviluppo dei corsi (alcuni corsi duravano 6 mesi, per altri era richiesta solo la terza media e non gli studi superiori, in molti casi non era previsto il tirocinio, ecc.). Dall'altra esisteva un piccolo gruppo di scuole "storiche", di "élite", se così si può dire, dirette da persone molto motivate, con un progetto di scuola e di assistente sociale, con docenti di notevole livello culturale, che portavano avanti innovative esperienze di servizio sociale, che si confrontavano in modo originale e critico con le esperienze straniere, e che avevano ben presenti le peculiarità e i problemi della realtà italiana. Si può dire che è in questi primi anni che si delineano nel mondo nascente degli assistenti sociali due anime ben distinte che si sviluppano e si confrontano e ritroveremo poi questa dialettica in altri momenti della storia del servizio sociale italiano.

5. Il battesimo del servizio sociale italiano. Il clima costituente e il Convegno per Studi di assistenza sociale di Tremezzo (1946)

Alla fine dell'estate del 1946, dal 16 settembre al 6 ottobre, si tenne a Tremezzo, in provincia di Como, il Convegno per Studi di assistenza sociale.[1] Il convegno di Tremezzo rappresenta un evento singolare nella storia dell'assistenza. Molti ravvisano in esso il battesimo del Servizio Sociale italiano.

Ricostruire, almeno in parte, alcune delle fasi del convegno e il dibattito da esso suscitato è oggi possibile grazie ai lavori, alle ricerche e alle notizie raccolte da alcuni testimoni privilegiati, e attraverso alcuni documenti di archivio che aiutano a collocare il convegno nella sua cornice storica.[2]

Del Convegno per Studi di Tremezzo si potrebbero dare molte letture, tante quante quelle relative ai mondi che nel convegno erano rappresentati: politico, assistenziale, ecclesiale, accademico, oltre al mondo dell'allora nascente servizio sociale molto presente nel vivace dibattito dei lavori.

Evento *sui generis,* singolare, non più ripetuto in seguito: il 16 settembre, in un albergo a Tremezzo sul Lago di Como si diedero appuntamento numerose personalità del mondo assistenziale, politico e accademico. Non pochi nomi avevano alle spalle la recente esperienza della resistenza.

1. *Le origini del servizio sociale italiano*; *Atti del Convegno per Studi di assistenza sociale*. Mi sono avvalsa delle preziose testimonianze di Odile Vallin, di Lucia Corti Marsan e di Laura Calogero. Inoltre, sono stati consultati alcuni documenti dell'Amministrazione Aiuti Internazionali conservati presso l'Archivio Centrale dello Stato [di seguito citato con la sigla ACS MMI Aai]. Si vedano anche le testimonianze in Adriano Ossicini, *Un'isola sul Tevere, il fascismo al di là del ponte*, Editori Riuniti, Roma 1999; Zucconi, *Cinquant'anni nell'utopia*.

2. Oltre agli Atti del Convegno mi sono avvalsa delle preziose testimonianze di Odile Vallin, di Lucia Corti Marsan e di Laura Calogero. Sono stati consultati alcuni documenti conservati presso l'archivio dell'Aai.

Il convegno fu organizzato sotto gli auspici del Ministero per l'assistenza postbellica, della Delegazione per il governo italiano per i rapporti con l'Unrra (United Nations Relief and Rehabilitation Administration) – la futura Amministrazione per gli Aiuti Internazionali, Aai – e della Missione italiana Unrra.

Le tre settimane del convegno furono pensate e organizzate in poco tempo. Alla fine della primavera del 1946, Amos Chiabov e Lucia Corti Marsan, nella Milano ancora scossa dalla pesante occupazione nazista, iniziarono ad organizzare i lavori.

Le intense fasi preparatorie le troviamo descritte, a firma di Francesco Vito e Michael Shapiro, nelle prime pagine degli atti:

> L'organizzazione del Convegno venne decisa ed iniziata nel giugno 1946, alla luce dei nuovi concetti e delle nuove correnti assistenziali. Discutendo sulla possibilità di tenere il Convegno, dicemmo che il tema avrebbe dovuto essere "L'assistenza in un mondo in evoluzione", con particolare riguardo ai problemi italiani. Pensavamo allora che l'Italia era passata attraverso un periodo molto duro e che l'Unrra si era preoccupata soprattutto di assistere la parte più bisognosa del popolo e di rinforzare l'economia italiana, il momento era il più propizio per fare il punto della situazione ed accertare verso quale direzione tendevano i servizi assistenziali in Italia.
> Poiché era la prima volta che si organizzava un Convegno del genere in Italia, i problemi di interpretazione, di organizzazione e di raccolta dei fondi necessari furono molti e complessi. Durante i vari stadi organizzativi della conferenza, si dovettero affrontare e risolvere divergenze di opinioni sociali, politiche ed economiche, mancanza di comprensione del lavoro sociale come professione e scarso spirito di cooperazione, tanto importante per realizzare qualsiasi genere di lavoro sociale.
> In origine, il Convegno avrebbe dovuto riunire soltanto persone competenti del Nord, ma, man mano che l'interesse si diffuse, la partecipazione venne estesa ad altre regioni d'Italia, fino a divenire un Convegno nazionale di assistenza sociale.[3]

In un primo tempo, quindi, il convegno doveva riguardare solo il nord del paese, successivamente si estese a tutto il territorio nazionale. Resta una traccia di questa idea originaria nella scelta decentrata della sede del Convegno, a Tremezzo, in provincia di Como, e nella partecipazione di

3. Michael Schapiro, Francesco Vito, in *Atti del Convegno per Studi di assistenza sociale*, pp. XX e XXI.

relatori e convegnisti, molti dei quali impegnati nell'attività assistenziale in Italia settentrionale.

Il titolo che si era pensato originariamente per il convegno, "L'assistenza in un mondo in evoluzione", coglieva in modo sintetico ed efficace la sfida che i convegnisti si trovavano ad affrontare.

La stessa celebrazione dell'evento rappresentava una sorta di piccolo "miracolo", se si tiene conto delle numerose difficoltà organizzative e non, che i promotori dovettero superare, tenuto conto anche della situazione nel quale il paese versava.

Quelli pratici e organizzativi, poi, non erano i problemi più seri: «si dovettero affrontare e risolvere – si citano dagli atti le considerazioni di Vito e Shapiro – divergenze di opinioni sociali, politiche ed economiche, mancanza di comprensione del lavoro sociale come professione e scarso spirito di cooperazione, tanto importante per realizzare qualsiasi genere di lavoro sociale».[4]

Esistevano delle «resistenze» culturali molti forti nell'Italia di allora che è utile sottolineare proprio per rilevare la grande forza innovativa che il convegno rappresentava anche nel suscitare un "clima nuovo", che avrebbe favorito quella «comprensione» e quello «spirito di cooperazione, tanto importante» e la cui mancanza poteva bloccare qualsiasi progetto assistenziale.

Nell'elenco del Comitato Organizzatore e Amministrativo troviamo i rappresentanti di varie sigle ed Enti assistenziali: la Missione Unrra, la delegazione Italiana Unrra, il Ministero dell'Assistenza Postbellica, l'ONMI (Opera Nazionale Maternità ed Infanzia), la Croce Rossa Italiana, la Pontificia Commissione e l'Ordine di Malta.

Nel Comitato Accademico è interessante sottolineare la presenza, tra gli altri, di Odile Vallin, Paolina Tarugi, Lucia Corti Marsan, Giorgio Molino, Amos Chiabov, tutti nomi legati alla storia delle Scuole di Servizio Sociale e dell'allora nascente mondo del Servizio Sociale. Nell'elenco troviamo anche il nome di Gian Pietro Giordana, responsabile dell'Ufficio di Milano della Delegazione del Governo Italiano per i rapporti con l'Unrra, che partecipò a Tremezzo come rappresentante personale di Lodovico Montini, Presidente della Delegazione del Governo Italiano per i rapporti con l'Unrra (organismo che poi prese la denominazione Aai).[5]

4. In *Atti del Convegno per Studi di assistenza sociale,* p. XX.

5. Gian Pietro Giordana non tenne nessuna relazione al Convegno ma presiedette una giornata di lavori dedicata al tema "Emigrazione ed immigrazione", partecipò più volte

Non si parlava di assistenza, a Tremezzo, come nel resto del paese, solo perché le urgenze del momento lo richiedevano: nella architettura dello stato moderno che si andava delineando, un posto di tutto rilievo andava all'assistenza. Nelle ricostruzioni storiche fatte in seguito ci si è soffermati su tanti aspetti dell'Italia di quegli anni, ma incomprensibilmente si è trascurata il capitolo dell'assistenza, che pure ha svolto un ruolo non secondario nello sviluppo dell'Italia democratica.

Della preminenza dei temi assistenziali, i protagonisti di allora, sembravano essere fortemente convinti e vedevano legati e interdipendenti i temi assistenziali e i valori nuovi della nascente e ancora fragile democrazia italiana.

Lodovico Montini – solo per citare un esempio – Presidente della Delegazione del governo italiano presso l'UNRRA e poi presidente dell'AAI, non accettò mai altri incarichi governativi.[6]

Si possono leggere in questa scelta tante motivazioni, non ultima quella legata alla bella figura di questo uomo politico cattolico, anche lui *sui generis*, che ha dato alle sue scelte una forte motivazione personale.

Il motivo del suo impegno a tempo pieno nei problemi assistenziali, tuttavia, va soprattutto ricercato nella radicata convinzione che quello dell'assistenza fosse un tema politico cruciale, ineludibile e non rinviabile per l'Italia di allora.[7]

agli spazi di discussione come è attestato dalle interpellanze contenute negli Atti, stilò un rapporto relativo al convegno di Tremezzo che inviò nel novembre del 1946 a Lodovico Montini. In tale nota, a carattere riservata e personale, conservata nell'Archivio Centrale dello Stato, sono raccolte delle osservazioni estremamente interessanti di cui si tratterà diffusamente in altre parti del volume. ACS MI AAI b. 47.

6. Giovan Battista Re nell'omelia funebre di Lodovico Montini riportava questa testimonianza: «Ho un biglietto scritto di pugno da De Gasperi nelle mie carte. Lo troveranno i miei figli quando sarò morto. De Gasperi mi ha scritto testualmente, in occasione della formazione di un governo: «So che un posto dovresti averlo anche tu, ma tu fai ben altro che il ministro, nella tua qualità di Presidente dell'Amministrazione per le attività assistenziali italiane e internazionali». Riportato in «Giornale di Brescia», 11 febbraio 2000, p. 7.

7. Numerosi sono i testi di Lodovico Montini che attestano questa convinzione profonda, tra gli altri: «Quando però si parla dell'assistenza nel senso dell'attività sociale o della collettività in ordine al bisogno come fatto sociale, è necessario pensare alla forma sostanziale della assistenza, come ad una disciplina, ad un ordinamento che esige tutta la razionale applicazione dei principi che reggono i rapporti giuridico-sociali fra gli uomini, che reggono lo Stato e le altre istituzioni pubbliche e private su cui si basa la concezione democratica e finalistica della collettività moderna». Montini, *Prefazione* a Gordon, *Teoria e pratica del servizio sociale*, pp. VII e VIII.

Il programma dei lavori del convegno era intenso e toccava molti nodi dell'assistenza. Gli argomenti principali, a ciascuno dei quali è stata dedicata una settimana, furono: *Assistenza Sociale e legislazione del lavoro; Assistenza all'infanzia ed ai minori; Problemi del dopoguerra.*

Al tema del servizio sociale e della formazione degli assistenti sociali furono dedicate ben cinque importanti relazioni.[8] Paolina Tarugi intervenne nella prima settimana con una relazione dal titolo «Il servizio sociale nei suoi aspetti teorici e pratici – Evoluzione storica del concetto e dei metodi del servizio sociale – le applicazioni pratiche del servizio sociale».[9]

Maria Comandini Calogero, oltre ad avere presieduto i lavori di una giornata, tenne una relazione con il titolo «Necessità di una cultura storico umanistica per la formazione dell'assistente sociale in Italia: problemi di democrazia e di collaborazione civica».[10]

L'ultima giornata del convegno fu completamente dedicata ai problemi della formazione. Presidente della giornata fu Lucia Corti Marsan,[11] Nicola Perrotti prese la parola con una relazione dal titolo «Le scuole per assistenti sociali»,[12] mentre Odile Vallin relazionò sui «Problemi della formazione tecnica delle assistenti sociali e dell'organizzazione delle scuole di servizio sociale».[13]

I contenuti trattati a Tremezzo furono vastissimi e si può condividere in pieno quanto affermato da Angela Zucconi: «A rileggere le pagine degli *Atti del Convegno* stampati nel 1947 si nota una cosa straordinaria: per molti problemi c'erano allora pacchetti di proposte concrete, praticabili e aggiornate sull'esperienza di Paesi più avanzati del nostro. L'Europa era allora davvero vicina: ogni relazione era chiaramente frutto di varie settimane dedicate alla raccolta di dati e di idee».[14]

8. Le relazioni sono state pubblicate integralmente in *Le origini del servizio sociale italiano*.

9. Tarugi, *Il servizio sociale nei suoi aspetti teorici e pratici*, p. 32.

10. Calogero, *Necessità di una cultura storico-umanistica*, p. 614.

11. Lucia Corti A. Marsan, *Introduzione alla terza settimana*, in *Atti del Convegno per Studi di assistenza sociale*, p. 518.

12. Nicola Perrotti, *Le scuole per assistenti sociali*, ivi.

13. Vallin, *Problemi della formazione tecnica*.

14. Zucconi, *Cinquant'anni nell'utopia*, p. 85. Angela Zucconi, scomparsa nel novembre del 2000, ha legato il suo nome a quello della direzione della scuola di servizio sociale Cepas (Centro Educazione Professionale per Assistenti Sociali). La sua partecipazione al Convegno di Tremezzo fu molto attenta e vivace negli spazi dedicati alle discussioni delle relazioni.

Sull'importanza di tale appuntamento del dopoguerra concorda anche la testimonianza di Adriano Ossicini quando parla di

> quello straordinario avvenimento che fu il Convegno di studi di Assistenza sociale svoltosi a Tremezzo dal 16 settembre al 6 ottobre del 1946, Convegno promosso dall'allora Ministero dell'Assistenza post bellica, sempre in collegamento con la delegazione per il governo italiano nei rapporti con l'Unrra e con la missione italiana Unrra. In questo Convegno, fatto ad altissimo livello con i maggiori esperti in campo italiano ed internazionale, per quanto riguarda l'assistenza, furono gettate le basi organizzative e scientifiche per uno sviluppo moderno del Servizio Sociale. Vengono poi affrontate delle realtà particolari, la nascita e lo sviluppo della Scuola Pratica di Servizio Sociale, di Milano, la nascita del Centro di Educazione per Assistenti sociali (Cepas di Roma) e la nascita della Scuola Nazionale di Servizio Sociale per religiose. [...]
> Detto questo, mi soffermerò brevemente su [...] due realtà che mi hanno impegnato personalmente, non solo influendo in modo diretto nel mio futuro come neuropsichiatra e psicologo dell'infanzia nella realtà sociale, ma in generale nel mio impegno civile in vari campi ed in varie forme.
> Innanzitutto voglio parlare di quella esperienza straordinaria che fu il Convegno di Tremezzo. Basta rileggerne gli Atti, per rendersi conto a quale livello avveniva il dibattito. Ma per quanto mi riguarda, voglio soffermarmi su due aspetti: primo, quello riguardante la psicologia, fino allora oggetto di ostracismo nel nostro paese a causa del fascismo e delle posizioni di Giovanni Gentile. La presenza di psicologi come Musatti, Perrotti, Ponzo, tre fra i pochissimi psicologi operanti allora nel nostro paese con autorevolezza, fu per me, che ero molto giovane e che ero, oltre loro, per varie ragioni, l'unico altro psicologo presente, profondamente impegnativa.
> E debbo dire che, in quell'occasione, furono gettate le basi per una organizzazione che permettesse il rinnovamento didattico e scientifico della psicologia. Ma più interessante ancora fu la nascita di nuove forme di dialogo nel campo del Servizio Sociale per la formazione di nuove scuole di Servizio sociale. Non potrò mai dimenticarlo e fa bene la Cutini a ricordarlo, il contributo dato da Maria Calogero e da Guido Calogero. La relazione di Maria Calogero, sulla necessità di basi umanistiche per la formazione di un moderno assistente sociale, rimane ancora una relazione affascinante e per certi aspetti memorabile.
> Il contributo di Guido Calogero per la fondazione del Cepas, una moderna scuola di servizio sociale, che per decenni ha formato e forma assistenti sociali, fu già da allora decisivo. [...] Io non posso dimenticare che Guido Calogero, con le sue capacità straordinarie di dialogo, invitò me, allora giovanissimo, ad insegnare una psicologia clinica moderna nel Cepas, sfidando

coraggiosamente una parte della cultura imperante (contraria ancora alla psicologia scientifica ed in particolare alla psicoanalisi), permettendomi di fare un'esperienza didattica ed umana straordinaria che è durata per decenni.
In sostanza, se si vuole capire il perché, pur con tutti i suoi limiti, legati ad una nostra difficile realtà sociale ed anche politica, il Servizio Sociale in Italia ha avuto uno sviluppo didattico, scientifico ed anche operativo di grande livello, non si può che ritornare a quelle fonti.[15]

Nel suo libro autobiografico Adriano Ossicini torna ancora sull'importanza del convegno del 1946: «Il convegno che si tenne a Tremezzo, nel Comasco, fu organizzato dal ministero [dell'Assistenza postbellica] modo esemplare [...] Al convegno di Tremezzo parteciparono personalità ad alto livello, vi convennero a discutere i cultori dell'assistenza di molte parti del mondo si può dire che dopo quel convegno le parole psicologia e assistenza sociale acquistarono in Italia un senso operativo nuovo. [...] Al Convegno di Tremezzo si gettarono le basi per la trasformazione radicale dell'assistenza in Italia».[16]

Molti furono i nomi di coloro che si avvicendarono al tavolo dei relatori e di coloro che presero la parola negli ampi spazi di dibattito, i cosiddetti "interpellanti". La loro partecipazione attiva è rivelatrice di un interesse straordinario, per questo appuntamento del dopoguerra, non più ripetuto in seguito. Accanto agli esperti americani, troviamo uomini politici come il Ministro comunista Sereni, che prese la parola negli ambiti delle discussioni più di una volta. Ezio Vigorelli, futuro ministro della repubblica negli anni 50, partecipò attivamente anche firmando delle proposte di "raccomandazioni". La presenza di Guido Calogero, di Ada Gobetti, Adriano Ossicini, Nicola Perrotti, e di molti altri segnala una attenzione per questo evento che non si spiega con i normali schemi interpretativi. La ricostruzione, con le questioni assistenziali che poneva, non era appannaggio degli addetti ai lavori: era richiesto uno slancio nuovo, ideale e pragmatico allo stesso tempo.

È qui possibile solo dare un accenno del triste spettacolo che il paese offriva appena uscito dal secondo conflitto mondiale: un mucchio di rovine, una popolazione allo sbando, un paese diviso in due per un periodo non breve del conflitto.[17]

15. Adriano Ossicini, *Prefazione* a Cutini, *Il servizio sociale nel secondo dopoguerra*.

16. Ossicini, *Un'isola sul Tevere*, p. 319.

17. Per una trattazione dell'argomento si veda tra l'altro Ragionieri, *Dall'Unità a oggi*; Lanaro *Storia dell'Italia repubblicana*; Sabbatucci e Vidotto (a cura di), *Storia d'Ita-*

Una eco della situazione vissuta dalla popolazione italiana la si può trovare proprio negli atti del convegno di Tremezzo. I ben 55 relatori che presero la parola mostravano una conoscenza molto approfondita delle problematiche sociali e assistenziali che assillavano l'Italia.

Amos Chiabov, uno dei più attivi organizzatori delle giornate di studio, figura di primo piano nel lavoro assistenziale nel nord italiano,[18] nella sua relazione descriveva le conseguenze di una guerra devastante, che vide coinvolti i civili come mai nei precedenti conflitti, che provocò lo spostamento di segmenti importanti della popolazione. La guerra era finita, ma molti ancora non avevano fatto ritorno alle loro case, e una delle emergenze riguardava proprio l'assistenza ai profughi. Affermava Chiabov:

> Le caratteristiche di quest'ultima guerra, guerra di movimento, guerra aerea, guerra con armi speciali di spaventosa potenza, dalle V1 alle V2 ed alla bomba atomica, hanno fatto sì che in essa tutti sono stati coinvolti, i civili come i militari, talvolta i civili in misura anche più grave dei militari stessi.
> È stato detto in questo Convegno che la guerra non è finita ancora, che sono cessate bensì le operazioni militari, ma che siamo in uno stato che per tutto il resto ben poco o nulla si differenzia da quello della guerra guerreggiata.
> Ebbene, questa affermazione vale in modo speciale per le vittime civili della guerra. Un numero enorme di persone vivono e vivranno per chissà per quanto tempo ancora una vita tale che non era neppur concepibile in tempo di pace. Gli spostamenti di popolazioni non sono finiti, quelli che per l'una o l'altra ragione hanno dovuto abbandonare i loro domicili, il loro lavoro, le loro città, i loro villaggi, quando non addirittura la loro patria, i profughi insomma, le "displaced persons" sono in Europa e nel mondo in numero così grande da porre problemi spaventosamente colossali, che bisogna risolvere,

lia. La Repubblica. Si legga la descrizione dello storico Mammarella: «Al disastro militare si sommava quello politico. Il paese usciva dalla guerra fascista semidistrutto nelle sue strutture istituzionali e fiaccato nella sua fibra morale, e nel settembre '43 non si era che a metà della tragedia. Rimanevano due anni di guerra, combattuta metro per metro nel territorio nazionale e a cui tutti, in diversa misura, sarebbero stati chiamati a partecipare. Rimanevano gli orrori di una occupazione crudele e sanguinosa e lo squallore di una esistenza vissuta nella paura per la perdita delle libertà personali e per le innumerevoli umiliazioni che sarebbe costata la lotta per la sopravvivenza». Giuseppe Mammarella, *L'Italia dopo il fascismo: 1943-1968*, il Mulino, Bologna 1972, p. 45.

18. Amos Chiabov, ispettore regionale del Ministero dell'Assistenza postbellica, era membro del Comitato accademico e relatore del Convegno, della sua intensa attività assistenziale e sul ruolo che ebbe nell'organizzazione del Convegno di Tremezzo ne ha riferito Lucia Corti Marsan in una conversazione con l'autrice.

perché solamente quando questi saranno risolti si potrà credere di avere raggiunto quella meta che ci sembra così lontana e difficile e che è la pace.[19]

È questa una sintesi efficace dei problemi che affliggevano la nascente democrazia nazionale: la pace, nonostante fossero cessate le operazioni militari, non si era ancora stabilita nel paese.

Le questioni dell'immediato dopoguerra occuparono trasversalmente tutto il convegno, ma la terza settimana vi dedicò uno spazio specifico. I profughi, i reduci, i civili vittime della guerra, gli orfani, i senza casa, con i loro bisogni assistenziali immediati, ponevano domande a cui rispondere con urgenza.

La guerra con quello che essa ha comportato va considerata come una autentica "formazione" per tutti coloro che l'avevano vissuta. Il livello di identificazione con i problemi che venivano rappresentati era altissimo. Angela Zucconi a questo proposito nota: «Ho scoperto leggendo gli *Atti* di Tremezzo delle belle pagine di Roberto Battaglia che, senza volere, descrivono il *nostro* disadattamento: non eravamo né reduci, né ex partigiani, né profughi, ma tutta queste cose insieme. C'era anche in noi quella frattura con la vita di prima e la ricerca dei pezzi perduti da rimettere insieme».[20] Era, questo, lo stato d'animo di un'intera generazione.

Non è possibile comprendere il clima, le scelte, i contenuti portati avanti in quegli anni se non si colloca questo "doloroso tirocinio" che accomuna tutta la prima generazione di formatori e di assistenti sociali. Il servizio sociale italiano, la cui nascita molti collocano proprio nel secondo dopoguerra, ha questa sua peculiarità: alle spalle c'era il dramma della guerra, del fascismo, davanti le speranze e le attese di una ricostruzione materiale e morale dell'Italia, con i ancora giovani e fragili valori democratici da innestare e da fare crescere nel lacerato tessuto sociale della popolazione.

A Tremezzo non ci sono degli esperti, addetti ai lavori, che in modo asettico analizzano dei modelli assistenziali da applicare in Italia quasi fosse un laboratorio: il clima che si viveva negli ovattati spazi dell'albergo che ospitava il convegno era lo stesso clima che si respirava nel paese.

Anche il momento politico che l'Italia stava attraversando, non solo in quei mesi ma negli stessi giorni, aveva una sua rappresentazione evidente

19. Amos Chiabov, *Civili, vittime della Guerra,* in *Atti del Convegno per Studi di assistenza sociale*, p. 553.

20. Zucconi, *Cinquant'anni nell'utopia*, p. 89. Il corsivo è del testo.

nelle settimane di Tremezzo. Non è possibile soffermarsi sugli avvenimenti politici accaduti tra il 2 giugno 1946, quando si celebrarono il referendum monarchia e repubblica e le elezioni per l'Assemblea costituente, e il maggio del 1947, quando, con il quarto governo De Gasperi, i comunisti e la sinistra uscirono definitivamente dalla compagine governativa, bisogna tuttavia tenere conto che questi convulsi eventi politici furono lo sfondo entro il quale si muoveva il dibattito di Tremezzo.

La situazione politica, infatti, stava attraversando un momento di polarizzazione crescente, la fase del governo di "solidarietà nazionale" con la partecipazione dei comunisti al governo sembrava avere esaurito il suo ruolo. Le ragioni vanno ricercate nella mutata situazione delle alleanze internazionali, ma soprattutto, a detta di molti studiosi, fu la cosiddetta "questione sociale" ad erodere alla base lo spirito collaborativo della coalizione.

Lo storico Chiarini a questo proposito scrive:

> Sollecitazioni conflittuali ad alto potere divaricante non mancano peraltro di presentarsi tra l'estate e l'inverno del '46. C'è a monte il rapido declinare del residuo clima collaborativo tra le potenze vincitrici che mette a repentaglio la sopravvivenza dei vari governi europei cosiddetti di "solidarietà nazionale". Intervengono a valle fattori eminentemente interni che sottopongono ad una martellante opera di logoramento la formula dell'unità ciellenistica. Pesa anzitutto come un macigno sul patto armistiziale sottoscritto dai due eserciti in campo – dal cattolicesimo politico e dalla sinistra classista – l'animus combattivo della truppa, che a fatica gli stati maggiori tengono a freno ricorrendo a piene mani a quel che rimane della risorsa, accumulata negli anni della lotta di liberazione, dell'antifascismo.
>
> Il sopravvenire di nuove ragioni di scontro fa traballare, ogni giorno di più, le antiche ragioni di unità. Due in particolare sono le vicende che esercitano un'energica pressione sui partiti in senso fortemente dissociativo: da un lato la partita che si gioca al tavolo della pace e dall'altro il peggioramento della situazione economica e sociale [...] Il tema internazionale comunque non esplica ancora nel secondo semestre del '46 tutta la sua carica contrappositiva. Più di questo, erode alla base lo spirito collaborativo della coalizione la questione sociale. Sullo sfondo di una situazione economica e alimentare che continua ad essere quanto mai precaria, vengono al pettine alcuni nodi trascinatisi irrisolti dalla fine della guerra.[21]

21. Roberto Chiarini, *Le origini dell'Italia Repubblicana (1943-1948)*, in Sabbatucci e Vidotto (a cura di), *Storia d'Italia. La Repubblica*, pp. 80 e 82. A questi due aspetti Chiarini ne aggiunge un terzo: «Fibrillazioni per la politica estera, tensioni per le aspettative sociali, scontento per la politica economica potrebbero poco, se non intervenisse a destabi-

Ma sulle questioni assistenziali e sulle strategie da mettere in atto per affrontarle troviamo un altro confronto, anch'esso ben rappresentato a Tremezzo, non solo tra il mondo della sinistra e il mondo cattolico, ma all'interno del mondo cattolico stesso.[22]

Agostino Giovagnoli nel suo *Le premesse della ricostruzione* evidenzia un confronto, se non un aperto scontro, proprio sulle questioni relative all'assistenza «Quindi sulle questioni assistenziali – scrive Agostino Giovagnoli – si registrano contrasti ed attriti tra la Chiesa e i rappresentanti dei partiti politici, che testimoniano l'importanza, anche sul piano politico, del problema della gestione degli aiuti assistenziali, ai fini di un controllo e di un'influenza sulla situazione italiana».[23]

È interessante, ad esempio, il ruolo che proprio l'Amministrazione per gli Aiuti Internazionali, ebbe per contrastare "l'ideologia assistenziale" che permeava larghi settori del mondo cattolico. Il già citato Giorgio Cigliana, collaboratore di Montini nel lavoro dell'AAI a questo riguardo offre elementi significativi:

> In altri c'era, come me, l'idea di cambiare tutto, di fare la rivoluzione, di cambiare la pubblica amministrazione. Questa idea un po' ingenua riguardava anche Molino, Cao Pinna. Anche Torri anche se più giovane. Tutto sommato un uomo come De Gasperi che aveva una grande insofferenza per questa burocrazia, così diversa da quella che conosceva lui, austriaco come cultura, come attività politica, l'idea di provocarla gli era congeniale. Inoltre questa burocrazia aveva mostrato di non avere proprio le connessioni [con il paese] per poter gestire [...] De Gasperi aveva un po' l'idea che se doveva essere un po' una guerra, con la Pontificia, con il Vaticano, meglio se la facevano dei garibaldini che l'esercito regolare perché meno compromettente [...] l'AAI si poneva con un'esigenza di distinguersi.[24]

Nel mondo cattolico, quindi emergevano due posizioni molto diverse, a volte persino in contrasto polemico, una rappresentata dalla Pontificia

lizzare il quadro politico il riscontro, nelle amministrative di novembre, di un inaspettato quanto corposo smottamento del corpo elettorale danno dei partiti di centro, e in particolare della DC. Quel che irrompe sulla scena della politica è il massiccio spostamento a destra dell'elettorato moderato che in giugno si è riconosciuto nel centro. E questo per di più in un quadro di tendenziale polarizzazione del voto», p. 83.

22. Su questo vedi, tra l'altro, Scoppola, *La proposta politica di De Gasperi*; Giovagnoli, *Le premesse della ricostruzione*.

23. Ivi, p. 236.

24. Conversazione dell'autrice con Giorgio Cigliana.

Commissione di Assistenza (in seguito fu denominata Pontificia Opera di Assistenza), guidata da mons. Fernando Baldelli, l'altra troviamo l'Amministrazione governativa, presieduta da Lodovico Montini, figura molto vicina a De Gasperi.

Il PCA rappresentava un esempio di orientamento sul problema della ricostruzione, piuttosto diffuso in ambienti vaticani, e più in generale nel mondo cattolico, e che si traduceva in un appoggio piuttosto acritico e senza contraddizioni al tipo di sviluppo in atto, in una visione tradizionale dei rapporti sociali e della conflittualità di fabbrica: progetto peraltro non condiviso da altri settori cattolici più consapevoli delle dinamiche proprie di una società industriale avanzata.

I problemi della società italiana del dopoguerra vennero così affrontati dalla maggior parte del mondo cattolico con strumenti culturali ed operativi piuttosto inadeguati a controllare e dominare i nuovi fermenti in corso.

Ma il tema dell'Assistenza, si intrecciava con altri temi non secondari della vita italiana, ad esempio quello relativo alle persone che erano state legate al fascismo, anche su questo punto si registrano due posizioni diverse. Giovagnoli scrive in proposito «Un ruolo, in questa "politica dell'assistenza", è svolto da mons. Baldelli, della pontificia Commissione assistenza, che torna con frequenza ad insistere sulla necessità di non discriminare gli ex fascisti, esponendo contemporaneamente le linee ispiratrici della politica assistenziale che egli vorrebbe imporre al governo».[25]

Queste diverse posizioni si espressero ripetutamente ed in varie sedi su di un problema specifico: istituire o meno il Ministero dell'Assistenza.

Emergeva in questo dibattito una contrapposizione tra il mondo cattolico e il mondo della sinistra. In alcuni ambiti cattolici si vedeva in questa proposta il tentativo di imbrigliare sotto un controllo non desiderato le organizzazioni assistenziali quasi tutte legate alla Chiesa.

Sarebbe tuttavia una semplificazione, vedere in questa contrapposizione l'espressione di due mondi monolitici e antagonisti: da una parte i comunisti rappresentati dal Ministro per l'Assistenza Postbellica e dall'altra i democristiani che difendevano gli interessi di larghi settori della Chiesa preoccupati di salvaguardare la loro autonomia minacciata da ingerenze estranee. È un fatto, però, che attorno a questo tema a Tremezzo si discusse molto.

Nei capitoli precedenti a proposito della nascita delle scuole nuove di servizio sociale ci si è soffermati sulla lettera di Vittorino Veronese, Presi-

25. Giovagnoli, *Le premesse della ricostruzione.*

dente dell'Azione Cattolica, indirizzata a Lodovico Montini del 4 novembre 1946, nella quale viene prospettato un problema di «assoluta urgenza ed importanza».[26] Il problema attorno al quale Veronese chiedeva a Montini di raccogliere l'attenzione sua e di «diversi componenti del Governo e persone competenti» era spiegato in un "memorandum", senza firma, nel quale si sottoponeva l'idea di fondare una scuola di Servizio Sociale e di dare vita ad un consorzio per collegare le scuole cattoliche. Per spiegare la bontà di tale progetto l'estensore del memorandum denuncia alcuni "Tentativi di monopolio da forze non cattoliche". Il Convegno di Tremezzo era una tappa di questo percorso, e il convegno, nell'interpretazione data dal documento, doveva servire a supportare la proposta di istituire il temuto Ministero per l'Assistenza.

La lettura che viene data del convegno di Tremezzo e, più in generale, dei problemi relativi all'Assistenza, appare fortemente polarizzata in chiave anticomunista e alcune delle cose affermate appaiono delle forzature.

Gian Pietro Giordana, delegato di Lodovico Montini al convegno di Tremezzo, non tenne nessuna relazione ma presiedette una giornata di lavori dedicata al tema "Emigrazione ed immigrazione", partecipò più volte agli spazi di discussione come è attestato dalle interpellanze contenute negli Atti e stilò un rapporto relativo al convegno di Tremezzo. Il documento porta la data del 16 novembre 1946, quindi pochi giorni dopo la lettera di Veronese, ed è un dettagliato rapporto relativo al convegno studi assistenza sociale».[27] È possibile stabilire un nesso tra le informazioni contenute nel "memorandum" e il sollecito di Montini al suo collaboratore per l'invio di notizie più circostanziate in merito al convegno di Tremezzo.

È questo un documento molto importante, è una prima lettura organica dei lavori di Tremezzo ad un mese dal suo svolgimento. Le sue conclusioni, espresse nella relazione, sono molto diverse da quelle contenute nel *memorandum*: Giordana non nega la presenza di due "correnti", quella di "sinistra" e quella "cattolica", ma il clima che si viveva a Tremezzo non era, a suo avviso, così polarizzato e contrapposto. Si legge nel rapporto: «Gli studi presentati dai singoli relatori e le ampie e libere ab-

26. Acs, Mi, Aai, b. 47 Nota personale 4.11.1946 all'onorevole Montini a firma avv. Vittorino Veronese.

27. In tale nota, riportata per esteso nella seconda parte del presente volume, a carattere riservata e personale, conservata nell'Archivio Centrale dello Stato, sono raccolte delle osservazioni estremamente interessanti. Acs, Mmi, Aai, b. 47

bastanza discussioni sulle relazioni stesse hanno permesso di esaminare, abbastanza in profondità i singoli problemi arrivando alla formulazione di nozioni concrete che verranno rese di Pubblica ragione negli atti di prossima pubblicazione sotto forma di "raccomandazioni». E poi in altro punto sottolinea: «Di massima si può dire che due sono state le correnti manifestatesi nel corso dei lavori: quella che potremmo chiamare di sinistra e rappresentata in particolare dal gruppo social – comunista, e quella cattolica costituita dai rappresentanti delle organizzazioni assistenziali confessionali o comunque collegate strettamente con il concetto cattolico di assistenza e di carità».[28]

Se queste due correnti si sono chiaramente manifestate bisogna però anche riconoscere che non si è arrivati mai ad un urto, ma anzi si è finito col rimarcare che in fondo tutti volevano parlare la stessa lingua e che le influenze di partito erano sovente più da rilevare nella forma che nella sostanza.

Verso il termine del Convegno infatti si è venuta accentuando fra i presenti una maggiore cordialità di rapporti: cattolici o marxisti che fossero.

> L'assistenza fu da tutti intesa come un diritto da parte dell'infelice nei confronti della società e come un dovere di questa verso il bisognoso, senza che per l'altro si dovrebbero distruggere o bandire quegli elementi di carità ed amore che fanno dell'assistenza un movimento spirituale e non una fredda contabilità amministrativa. Dove invece, in un certo senso, si è polarizzata la possibilità di un contrasto fra le due correnti è stato quando si è passati a discutere l'opportunità di istituire rapidamente un Ministero dell'Assistenza; proposta espressa personalmente dal Ministro Sereni. Sereni parlò due volte dell'istituendo Ministro dell'Assistenza Sociale: una prima volta con concetti molto larghi, intendendo fare assorbire da questo Ministero tutte quelle istituzioni che comunque svolgessero attività sociale (previdenza e mutualità comprese), in un secondo tempo invece riferendosi ad un Ministero che svolgesse compiti di coordinamento senza sostanzialmente violare la forma e la tradizione dei singoli istituti. Il gruppo social – comunista ha fatto suo il concetto della proposta Sereni e l'ha formulato in due ordini del giorno (All. 1e 2) che (come del resto tutti gli ordini del giorno) non furono sottoposti a votazione da parte del Convegno. Uno dei due, firmato anche dall'on. Vigorelli, chiede la immediata istituzione del Ministero con funzioni di coordinamento. Il gruppo democristiano, pur non respingendo del tutto la creazione di un Ministero dell'Assistenza con funzioni coordinative nello stretto

28. Acs, Mmi, Aai, b. 47.

senso della parola e senza possibilità esecutive, ha tenuto a precisare che, ad evitare il pericolo di creare un organismo che appesantito da una mentalità burocratica intralciasse, anziché aiutare, lo sviluppo dell'assistenza sociale, si partisse da un coordinamento periferico fra le singole istituzioni religiose e laiche prendendo come base la provincia (All.3). Da questa collaborazione facilmente scaturirebbe la formulazione dell'organismo superiore, ma soprattutto si rileverebbero gli uomini adatti a svolgere una mansione di assistenza sociale. Il Convegno, ripeto, si è chiuso in un'atmosfera di cordialità e tutti gli intervenuti hanno espresso unanimemente il desiderio di ritrovarsi per riprendere in esame i vari problemi dopo la esperienza pratica di cui si sarebbero arricchiti nel tentativo di realizzare quanto in linea teorica era stato formulato durante i lavori del Convegno. Non posso nascondere che la corrente cattolica sia seriamente preoccupata dall'istituzione del Ministero Assistenza Sociale in quanto teme che questo organismo possa invadere progressivamente e, pretendendo di controllare le singole istituzioni, violarne la libertà di azione. Siccome d'altra parte sarebbe imprudente negare l'opportunità di un organismo che funzioni da coordinatore, si insiste che questo organismo abbia origine da uno sviluppo progressivo di iniziativa dalla periferia verso il centro e non viceversa. [...] Ritengo opportuno richiamare all'attenzione che presentemente tutte le istituzioni assistenziali sia religiose che laiche si trovano in una discreta situazione patrimoniale ma in una pessima situazione finanziaria, e che pertanto il nuovo Ministero potrebbe trovare in esse una base di appoggio ma non già una fonte di utili. Semmai anzi dovrebbe provvedere alla loro rimessa in efficienza. Torna quindi a proposito che il Ministero funga da organo ripartitore dei mezzi messi a disposizione dallo Stato lasciando alla esperienza ed alla tradizione dei singoli organismi assistenziali il compito di spendere queste somme nel modo più equo e proficuo.[29]

Tremezzo, quindi, non era una delle tappe messe in atto strategicamente dalla sinistra ai danni del mondo cattolico. Il punto di vista di Giordana è quello cattolico, evidentemente, ma la sua posizione riguardo allo spinoso tema «dell'istituendo Ministero dell'Assistenza» è molto equilibrata, il problema non era strumentale: in Italia operavano una quantità innumerevole di enti assistenziali pubblici e privati, che rappresentavano le sensibilità più diverse e molti degli enti pubblici assistenziali nazionali sorsero durante il fascismo. L'Amministrazione per gli Aiuti Internazionali, nel 1953, ne fece un censimento curato da Vittorio Torri. Il loro numero era impressionante: ben 23.000 enti sparsi in tutto il territorio nazionale.[30]

29. *Ibidem*.
30. Torri, *Organi ed enti di assistenza pubblica e privata*.

Il problema di un coordinamento era quindi reale e la proposta di Giordana, di un organo di coordinamento non burocratizzato e non calato dall'alto, fu ripresa successivamente in modo più organico da Montini e dai suoi collaboratori.

Colpisce l'insistenza di Giordana sulla «atmosfera di cordialità» che si viveva nel convegno, la presenza di posizioni diverse non era in contrasto con la ricerca di una lingua comune. Questa notazione sul «clima», fattivo e insieme di largo respiro, non è secondaria e coincide con la testimonianza di altri partecipanti. Lucia Corti Marsan, una testimone fondamentale di Tremezzo, sottolinea proprio l'importanza del «clima» carico di entusiasmo e di speranza vissuto nei mesi dell'immediato dopoguerra, e non solo nelle settimane del convegno, tra gli artefici della ricostruzione.[31]

Per l'allora nascente Servizio Sociale italiano Tremezzo, rappresenta un punto importante. Non si può negare che una delle sue conseguenze concrete fu l'impulso che ne scaturì per lo sviluppo delle "scuole nuove" di servizio sociale. La nascita del CEPAS di Roma e della Scuola UNSAS di Milano è da collocare proprio a Tremezzo: documenti di archivio del periodo e testimonianze recenti danno notizie circostanziate su questo. Adriano Ossicini, uno dei testimoni privilegiati di quegli anni, fin dall'inizio fortemente legato alla storia del CEPAS, così ricostruisce la nascita della scuola:

> Le basi di tutto ciò furono poste a Tremezzo, dove inoltre fu messa letteralmente a battesimo, con il nome Cepas (Centro per l'educazione professionale degli assistenti sociali) una scuola di servizio sociale inedita per l'Italia. L'idea, nata dall'incontro tra Perrotti, Musatti, Ponzo e i Calogero, a cui partecipai, e dal confronto delle varie posizioni sull'argomento, prese corpo nel concreto progetto di iniziare a Roma, sin dal febbraio 1947, un primo corso triennale del Cepas, a cui si impegnarono di collaborare anche da docenti Calogero come filosofo e pedagogista, Perrotti come psicoanalista, e Ponzo come psicologo. Non è facile valutare oggi quanto fossero avanzate le basi culturali su cui sorgeva questa iniziativa nel campo del servizio sociale.[32]

31. Conversazione dell'autrice con Lucia Corti Marsan.

32. Ossicini, *Un'isola sul Tevere*, p. 321. Si riporta la citazione completa: «Al convegno di Tremezzo si gettarono le basi per la trasformazione radicale dell'assistenza in Italia. Furono altresì avanzate proposte di riforma e di sviluppo della psicologia, e perfino ebbe vita, già in sede di convegno, il progetto operativo di una moderna scuola di servizio sociale. [...] Al Convegno di Tremezzo, Ponzo e Perrotti, con il contributo di Musatti e anche mio, trattarono della necessità di adottare in Italia nuove forme di organizzazione della psicologia e dell'assistenza sociale, su queste tre direttive: 1) una moderna scuola

Si può rintracciare, inoltre, intorno alla figura di Odile Vallin, un legame diretto tra il convegno di Tremezzo e la nascita di molte scuole che in seguito si federarono nell'Ensiss.

Si legge in un documento dell'epoca conservato nell'archivio Aai: "la Dott.ssa Odile Vallin fu chiamata come direttrice della Scuola Pratica di Assistenza Sociale a far parte del comitato accademico del convegno e le fu chiesto di fare una relazione sul tema: «Problemi della formazione tecnica delle Assistenti Sociali e dell'Organizzazione delle Scuole di Servizio Sociale. A seguito della relazione che riscosse molti consensi per la novità delle affermazioni e delle prospettive, la Dr. Vallin fu chiamata a Trento, a Venezia, a Genova, a Firenze per portarvi il contributo della sua esperienza ed iniziare così la fondazione di nuove scuole. Solo a Genova il progetto venne abbandonato».[33]

Le parole conclusive degli atti del Convegno, che non fosse «l'Ultimo Convegno»,[34] più che un augurio esprimevano un'esigenza reale. La felice esperienza faceva immaginare un proseguo a scadenza annuale e l'Aai aveva già previsto una voce di spesa all'uopo.[35]

Nonostante il Convegno di Tremezzo non dovesse restare un momento isolato nella costruzione della nuova impalcatura socio-assistenziale del paese, di fatto lo fu. Tuttavia, il Convegno di Tremezzo rappresenta un tassello importante nella storia dell'assistenza del secondo dopoguerra italiano.

di assistenza sociale sul modello delle scuole francesi e anglosassoni; 2) una riforma della psicologia, per dare un nuovo impulso al suo insegnamento alle nostre università, dove esso era profondamente mortificato e praticamente inesistente, sviluppando la psicologia alla luce della psicologia dinamica, della psicologia clinica e della psicoanalisi; 3) la riorganizzazione di tutto il sistema assistenziale: l'assistenza nelle carceri, negli ospedali etc. [...] A base del corso erano, da un lato, insegnamento della psicologia secondo un orientamento di fondo psicoanalitico in un orizzonte didattico inedito per il nostro paese, dall'altro, un piano di studi funzionale ai compiti del futuro operatore sociale, concepito sulla scorta di una stimolante relazione svolta da Maria Calogero sull'evoluzione storica e la prospettiva dell'assistenza sociale. Questo Cepas era una iniziativa così concreta e invitante che lì stesso offrii la mia collaborazione».

33. Acs, Mmi, Aai, b. 55, Relazione della Scuola Pratica di Assistenza Sociale di Milano.

34. Chiabov, *Conclusioni*, p. 786.

35. Acs, Mmi, Aai, b. 47.

6. La «scuola dei Calogero» tra impegno civile e democrazia. La nascita del Centro di educazione per assistenti sociali (CEPAS) di Roma (1947)

Quando Maria Comandini Calogero intervenne al Convegno per Studi di assistenza sociale di Tremezzo, nell'ottobre del 1946, le scuole di servizio sociale del dopoguerra erano ai loro primi passi. Il Centro di Educazione per Assistenti Sociali Professionale (d'ora in poi CEPAS) di Roma non era ancora nato, fu inaugurato qualche mese più tardi, nel febbraio del 1947, e anche gli Enti che raggruppavano le scuole sorsero solo in un secondo momento.[1]

Maria Calogero, futura fondatrice del CEPAS, partecipò al Convegno di Tremezzo come ispettrice del Ministero dell'Assistenza Postbellica, con una relazione di un certo spessore dal titolo significativo: «Necessità di una cultura storico-umanistica per la formazione dell'assistente sociale in Italia: problemi di democrazia e di collaborazione civica».[2] Quello della formazione era uno dei punti caldi più dibattuti a Tremezzo, se ne avvertiva l'urgenza per l'Italia di allora, dove la figura dell'assistente sociale era sconosciuta ai più, e si registrava la fretta di considerare un capitolo chiuso la passata esperienza della Scuola di Roma del Partito nazionale fascista.

Le poche esperienze didattiche esistenti alla fine del 1946, lungi ancora dall'essere punto di riferimento o modello per altre scuole, erano a Milano – la Scuola pratica di servizio sociale di Via Mercalli diretta da

1. L'archivio di Maria Comandini Calogero è stato recentemente versato nell'Archivio Centrale dello Stato. Laura Calogero, figlia di Guido e Maria Calogero, che qui ricordo con gratitudine, mi mise a disposizione, oltre ai suoi ricordi personali, parte dell'archivio rimasto presso di lei. Vedi anche G. Certomà (a cura di), *Guido Calogero e Maria Calogero Comandini, Il Servizio Sociale in una democrazia moderna, Antologia degli scritti 1946-1961*, Sensibili alle foglie, Roma 2005.

2. Calogero, *Necessità di una cultura storico-umanistica.*

Odile Vallin, i cui corsi regolari erano iniziati dopo la fine dell'occupazione nazista nell'autunno del 1945, dopo un primo corso clandestino nel 1944 – e a Roma dove, nel gennaio del 1946, l'Onarmo di Baldelli diede vita alla scuola di San Gregorio al Celio.

Altre esperienze erano sorte o stavano nascendo in quegli anni, addirittura in quei mesi, in particolare a Roma e a Milano.

La formazione delle scuole e del servizio sociale ebbe nel nostro paese uno sviluppo inedito e tutto "italiano" che non può essere letto ed interpretato svincolandolo artificiosamente dal contesto storico di allora. Innanzi tutto bisogna tenere presente che in Italia – diversamente che in altri paesi – non furono solo degli specialisti della materia a promuovere e a dare impulso alla figura dell'assistente sociale. Per molti protagonisti di allora l'impegno nel servizio sociale non fu altro che lo sbocco, per così dire, "naturale", del loro impegno civile e democratico. Così fu, infatti, per Guido e Maria Calogero, iniziatori a Roma del Cepas, esperienza per tanti aspetti originale e "unica" rispetto alle altre scuole nate nel secondo dopoguerra.

È difficile separare l'impegno che i Calogero profusero nel servizio sociale, da tutti gli altri aspetti della loro attività culturale, politica e civile. Questo studio si pone l'obiettivo limitato di fornire degli elementi nuovi circa il contributo originale che la nascita Cepas diede allo sviluppo della figura dell'assistente sociale in Italia, ma bisogna tuttavia tenere conto del profilo articolato e complesso dei suoi fondatori.

Si può affermare che l'impegno entusiasta profuso da Guido e Maria Calogero, con il loro spirito laico e anticonformista, nella fase nuova della ricostruzione in Italia, era inseparabile, si potrebbe dire una "naturale" conseguenza, del loro impegno politico e civile.[3]

3. Maria Comandini, moglie di Guido Calogero, era nata a Cesena il 20 febbraio del 1903. La famiglia Comandini, di estrazione borghese e laica, era una delle più in vista di Cesena: tutt'oggi una delle strade principali è intitolata ad un Comandini. Maria Comandini si era laureata a Roma nel 1926 con una tesi di storia moderna e aveva alle spalle l'esperienza della guerra, della resistenza, della clandestinità, del confino politico a Scanno in Abruzzo. Al termine del conflitto mondiale, Maria Calogero si era impegnata nel Partito d'Azione, ed insieme ad altre esponenti del movimento femminile di allora si era battuta per il voto alle donne, e si può in questa sede accennare solo brevemente al suo vasto impegno di pubblicista.

Un dettagliato resoconto biografico dell'intEnsissima attività di Maria Comandini Calogero si trova nell'inserto Sostoss, *Biografie, Calogero Comandini Maria,* a cura di Adele Antonangeli Marino, in «La rivista di Servizio Sociale», 1 (2001). Oltre alle note sulla vita

Interessante a questo proposito è un dattiloscritto, conservato nell'Archivio personale di Laura Calogero, preparato nell'ottobre del 1946, subito dopo il convegno di Tremezzo, indirizzato all'allora ministero dell'Assistenza Postbellica.[4] In questo documento, quasi fosse un curriculum, Maria Calogero stessa spiega la sua "formazione". Non una formazione teori-

la curatrice ha allegato una preziosa bibliografia degli interventi e degli scritti più importanti di Maria Calogero. Per quel che riguarda Guido Calogero si rimanda alla specifica bibliografia a riguardo.

4. Archivio personale di Laura Calogero Sasso, Documento dell'ottobre 1946 per Ministero dell'Assistenza Postbellica di Maria Calogero Comandini. Nel documento si legge:

«Maria Comandini in Calogero
n.a Cesena il 20 febbraio 1903.
Domicilio: Roma v. Sant'Alberto Magno 5.
Cittadinanza: italiana.
Studi: Laurea in lettere con lode, conseguita nell'Università di Roma nel 1926.
Attività di carattere assistenziale.
Partecipò, fin dagli inizi, ai movimenti cospirativi in Italia.
Questa attività ebbe sempre anche un aspetto sociale, in quanto non consisteva soltanto nel lavoro politico, ma anche nel difficile lavoro di assistenza alle famiglie dei carcerati o confinati o esiliati politici, nel tener desto il coraggio e la fiducia nei perseguitati e nelle loro famiglie ecc. Quando il marito fu arrestato e poi confinato in Abruzzo, ivi fece curiose esperienze sociali.
Tale opera continuò, dopo l'8 settembre 1943, fra israeliti, ex prigionieri, ex ufficiali e militari ecc. nelle immediate retrovie del fronte invernale abruzzese.
Dopo la liberazione di Roma si dedicò a opere sociali adoperandosi per la riapertura delle scuole, occupandosi dei problemi più scottanti nei vari quartieri di Roma. Partecipò, quale dirigente, all'attività del Centro Educativo pilo Albertelli, organizzando dopo-scuola, scuole reduci, scuole operai, scuola-città.
Fa parte del Consiglio Nazionale dell'U.D.I.
Nel novembre 1945 partecipò alla Conferenza internazionale delle donne a Parigi.
Fin dal gennaio 1946 ha partecipato alla Commissione (composta dai dottor Quadrini, Puma, Rancaglia ed altri) che compilò un programma per una scuola di Assistenti Sociali per i campi profughi, che il M.A.P. aveva allora intenzione di creare. In base al programma fu anche stanziato un fondo per tale scuola accelerata, che ora il M.A.P. non ha più motivo di fare.
Al convegno di Tremezzo per l'Assistenza sociale ha partecipato in veste di Ispettrice generale, quale rappresentante del servizio vittime civili e quale relatrice sul tema; "Problemi della preparazione del personale dell'assistenza"; ha anche presieduto la prima giornata dell'ultima settimana del Convegno. (Attualmente lavora per la Costituzione della scuola di Assistenti Sociali in via di fondazione presso il M.A.P. e per il servizio vittime civili) [tra parentesi la frase aggiunta a penna. N.d.A.].
Roma, ottobre 1946 Maria Calogero Comandini» (Per ministero dell'assistenza postbellica) [tra parentesi la frase aggiunta a penna n. d. A].

ca e astratta ma quella della resistenza e della clandestinità: fu questo un faticoso "tirocinio" che accomunò nel nostro paese la prima generazione degli iniziatori del servizio sociale. «Partecipò, – è Maria Calogero che scrive – fin dagli inizi, ai movimenti cospirativi in Italia. Questa attività ebbe sempre anche un aspetto sociale, in quanto non consisteva soltanto nel lavoro politico, ma anche nel difficile lavoro di assistenza alle famiglie dei carcerati o confinati o esiliati politici».[5]

È interessante notare il fatto che Maria Calogero intendeva il lavoro sociale come una ulteriore declinazione del suo impegno politico, aspetto questo che non fu secondario nella impostazione che fu poi data al CEPAS. «Quando il marito fu arrestato – si legge ancora nel documento – e poi confinato in Abruzzo, ivi fece curiose esperienze sociali». «Le curiosi esperienze sociali» cui Maria Calogero si riferisce furono gli incontri che ebbe con la gente del luogo. La figlia Laura Calogero ricorda i legami che la madre strinse con gli abitanti di Scanno e dei dintorni: legami di solidarietà, di amicizia, che le svelarono anche le difficili condizioni di chi viveva in zone di montagna rurali e arretrate.

Dopo il confino ci fu il ritorno a Roma caratterizzato da un impegno attivo nel campo assistenziale: «dopo la liberazione di Roma», continua Maria Calogero,

> si dedicò ad opere sociali adoperandosi per la riapertura delle scuole, occupandosi dei problemi più scottanti nei vari quartieri di Roma. Partecipò, quale dirigente, all'attività del Centro Educativo Pilo Albertelli, organizzando dopo – scuola, scuole reduci, scuole operai, scuola – città. Fa parte del Consiglio Nazionale dell'U.D.I.

Non si può non menzionare il fatto che Maria Calogero fece parte attivamente di quel Movimento Femminile che promuoveva un nuovo ruolo della donna nella società italiana. Fu accanto ad altre protagoniste del periodo una sostenitrice del voto alle donne che, come è noto, in Italia fu introdotto solo con le elezioni celebrate nell'immediato dopoguerra.[6]

Queste, in brevi linee stilate dalla protagonista, le sue esperienze formative.[7]

5. *Ibidem*.

6. Numerose sono gli interventi e le pubblicazioni di Maria Calogero. Tra le altre: *I problemi femminili e il partito d'azione*, in «Quaderni del Partito d'Azione», 18 (2 febbraio 1946).

7. In un successivo documento, stilato dalla stessa Maria Comandini Calogero, ritroviamo la stessa importanza "formativa" attribuita all'esperienza "sociale" della Resistenza:

Maria Calogero al convegno di Tremezzo spiegò e sostenne con forza il suo progetto formativo, nel quale gli aspetti didattici si intrecciavano e si intersecavano con le esigenze del paese: ricostruire un tessuto democratico, risanare le fratture interne alla popolazione. La scuola per assistenti sociali, anche nella sua organizzazione avrebbe dovuto essere moderna e democratica; non separata dall'ambiente accademico certo, ma non per questo una scuola "accademica". «È ovvio – si legge nella relazione di Maria Calogero – che tale scuola dovrà essere anch'essa modernamente e democraticamente organizzata (e perciò può essere, oltre che necessario, utile che essa sia subito creata in ambiente distaccato, non separato, dall'ambiente accademico) con un Consiglio di allievi a lato del Consiglio degli insegnanti, con discussioni comuni sui programmi teorici e pratici, sulle classificazioni di merito e su tutto l'andamento della vita scolastica, con prevalenza dell'ordinato dibattito sulla lezione».[8]

«COMANDINI Dott. Maria in Calogero
Nata a Cesena il 20 febbraio 1903
Attività di carattere assistenziale
Assistenza alle famiglie dei perseguitati politici e, durante la guerra, ai "fuori legge" di ogni nazione e razza in Abruzzo.
Alla fine della guerra si dedicò ad una intensa attività sociale adoperandosi per la riapertura delle scuole, per il ritorno delle "borgate" a una vita meno incivile.
Partecipò alla costituzione (e all'attività diretta con gli assistiti) di enti educativo-assistenziali come il Centro di Azione Educativa Pilo Albertelli, il Movimento di Collaborazione Civica, l'Unione Nazionale per la lotta contro l'analfabetismo ed altri.
Dal 1946 al 49 lavorò al Ministero Assistenza Post-bellica come Ispettrice Generale e poi al Ministero del Lavoro nella Direzione Cooperativa.
Al Convegno di Tremezzo, a cui partecipò come rappresentante del servizio Vittime Civile del M.A.P. in veste di relatrice, sostenne la necessità di istituire, anche in Italia, scuole di Servizio Sociale Polivalenti. Conseguentemente fu tra i fondatori del Centro di Educazione per Assistenti Sociali (Cepas).
Nel 1949, a Montreal (Canada) ha studiato per otto mesi i servizi sociali di quel paese e collaborato, con una trasmissione radio settimanale alla conoscenza, in Italia, di essi.
Nel 1956 ha studiato per un semestre nella University of California, Berkeley, presso la School of Social Welfare, i problemi dell'insegnamento (group-work e Comunity organisation).
Dal 1946 ha insegnato presso il Cepas e poi anche presso la Scuola per Dirigenti del Lavoro Sociale.
Ha collaborato a varie riviste (Centro Sociale; Assistenza d'oggi; Scuola e città e altre) occupandosi dei problemi riguardanti il lavoro di gruppo e l'insegnamento ed ha partecipato a molti congressi, convegni e seminari nazionali e internazionali».
[Dattiloscritto in Archivio Personale Laura Calogero]..
8. Calogero, *Necessità di una cultura storico-umanistica*, p. 621.

Maria Calogero, nella discussione che seguì la sua relazione, rispondendo ad una domanda, definì meglio la sua idea di formazione in ambito universitario: «Voglio chiarire che non si tratta di un metodo accademico; naturalmente queste scuole devono avere un tono meno accademico delle università e non vogliamo pensare che vi escano delle assistenti sociali perfette. Nessuna scuola potrebbe darci delle assistenti sociali perfette, anzi le assistenti debbono uscire dalla scuola con la convinzione che non sono perfette, che debbono vivere il problema nella sua vastità e che in questa vastità compiono un piccolo e limitato lavoro. Esse debbono rendersi conto che non si tratta *solo* di svolgere pratiche e che l'assistenza è cosa delicata e umana».[9] La parola *solo* è stata inserita nel dattiloscritto successivamente a mano. La sua aggiunta, forse motivata dall'eventuale pubblicazione delle risposte alle interpellanze, non nasconde la preoccupazione condivisa anche da altre protagoniste di quegli anni. Anche Odile Vallin, ad esempio, nel suo intervento a Tremezzo segnala il rischio, anche se con accenti diversi, di una formazione scarna, solo tecnicistica e nozionistica.

Sia la Calogero che la Vallin condividevano l'idea di una assistente sociale moderna, libera, autonoma, non burocratico funzionario amministrativo, ma figura centrale nel promuovere i valori della democrazia, della libertà, della giustizia.

Il problema era, quindi, disegnare una formazione larga, profonda che mettesse in grado questa nuova figura di operatore di ragionare con la propria testa.

Del resto, non era forse stata quella impartita dalla scuola Fascista una formazione povera culturalmente, tecnicistica? Se era possibile discutere su come dovesse essere la formazione di questo nuovo operatore, perno del risanamento sociale del paese, non si avevano dubbi – la Calogero e la Vallin non li avevano – su come *non* dovesse essere. A Tremezzo, e in altri numerosi scritti e interventi, Maria Calogero faceva riferimento alla Scuola Fascista allo scopo di prenderne le distanze.[10]

9. Nella pubblicazione degli atti del convegno si da, purtroppo, un resoconto scarno degli spazi di discussione che seguivano alle relazioni. Nell'archivio di Laura Calogero è conservato un prezioso dattiloscritto che raccoglie tutte le risposte alle domande dei cosiddetti "interpellanti". Risposta alla Dr. Ricci, dattiloscritto Convegno 3ª settimana – 3ª giornata – mercoledì, 2 ottobre 1946, archivio Laura Calogero, busta manoscritti pubblicati MC. In corsivo è una parola aggiunta successivamente a penna.

10. Di questa vivace discussione si parla nel capitolo 1 del presente volume. Risposta

Le parole come "democrazia", "rispetto delle persone", "libertà", "giustizia", risuonarono spesso nell'ambito del convegno. Lucia Corti Marsan, una delle organizzatrici del Convegno e poi direttrice della Scuola Unsas di Milano, si colloca sulla stessa lunghezza d'onda di Maria Calogero ed evidenzia bene quali compiti erano attribuiti a questa figura di moderno operatore.[11] Non bastavano gli aiuti materiali, se le persone non erano "aiutate ad aiutarsi". «Perché le considerazioni di ordine materiale – osserva Lucia Corti Marsan nel suo intervento – ben spesso non sono le principali e i mali della società moderna si esprimono, infatti, più sovente in termini di disagio morale, individuale o sociale, e come tali più gravemente incidono sull'equilibrio della società. Prima preoccupazione dell'assistente sociale in questo suo moderno atteggiamento è quindi quello di riabilitare, più che di soccorrere, di prevenire, più che di curare. E mi pare che questo ben si esprima nel motto che ha segnato e guidato l'azione dell'U.N.R.R.A. nei paesi sofferenti per le conseguenze della guerra e che oggi potrà guidare anche la nostra azione concorde verso l'interesse comune che ha riunito questo Convegno: aiutare il prossimo ad aiutare sé stesso».[12]

Maria Calogero, con più convinzione di altri, porterà al convegno prima e al Cepas poi, i riferimenti dell'impostazione anglosassone.

Nel suo intervento cita articoli e pubblicazioni straniere e diversi autori, tra cui Gordon Hamilton, i cui testi furono poi tradotti in Italia dall'Aai nel 1953.

L'esperienza del servizio sociale anglosassone era utilizzata dalla Calogero per suffragare la sua tesi circa l'esigenza di una larga cultura storico-umanistica come base della formazione degli assistenti sociali. L'assistente sociale

> dovrà conoscere molte cose particolari: legislazione sociale, assistenziale, previdenza, leggi dell'industria, psicologia del lavoro, magari psicotecnica, magari un po' di psicanalisi, oltre che economia domestica, pronto soccor-

alla Dr.ssa Stasi, dattiloscritto Convegno 3ª settimana – 3ª giornata – mercoledì, 2 ottobre 1946, archivio Laura Calogero, busta manoscritti pubblicati MC.

11. A Lucia Corti Marsan, un'ex partigiana, ministro dell'Assistenza del governo ombra del Cln durante l'occupazione dell'Italia settentrionale e futura direttrice, dal marzo 1947, della Scuola Unsas di Milano, fu affidata parte della organizzazione del convegno di Tremezzo. Notizie riportate da Ossicini, *Un'isola sul Tevere*, p. 319.

12. Lucia Corti A. Marsan, *Introduzione alla terza settimana*, in *Atti del Convegno per Studi di assistenza sociale*, p. 518.

> so, battere a macchina, magari guidare automobili, – ma, soprattutto, dovrà avere un solido fondamento di preparazione umanistico-civico-politica. Dovrà essere filosoficamente orientato circa i problemi essenziali della morale e della società. Insieme dovrà conoscere la storia della civiltà in cui lavora; saper bene com'è nata, e quali sono le sue possibili linee di sviluppo; trarre dalla solida esperienza del passato la calma virtù preparatrice dell'avvenire. E, soprattutto, avere mente scevra da qualsiasi fanatismo. Chi è chiamato a svegliare la fiducia degli uomini nel loro destino dovrà veramente avere fiducia in essi: e questo significa spirito di ascolto, curiosità perenne, mai esser convinti di aver ragione fin da principio. Ma tutto questo vuol dire alto livello di preparazione generale: e pienamente corrisponde a quanto circa la preparazione degli assistenti sociali si è venuto sempre meglio chiarendo in Inghilterra, negli Stati Uniti d'America, in Svizzera, cioè nei paesi in cui è maggiormente sviluppato il social work in senso stretto.[13]

La scelta di orientarsi verso un'impostazione anglosassone del servizio sociale, non significava solo scegliere tra più opzioni possibili, ma anche intuire verso quale direzione si sarebbe storicamente orientata la nuova società italiana. [14]

Come già detto Maria Comandini Calogero attribuiva all'Assistente sociale una funzione alta e nobile, che interessava la persona nella sua globalità, con l'obiettivo di "plasmare" un nuovo tipo di società: «Non è vero che il dolore e la sofferenza nobilitino l'uomo. I grandi spiriti caritatevoli, gli spiriti gettati verso gli altri e dimentichi di sé, sono sempre spiriti fortemente gioiosi: è solo chi ha in sé questa profonda gioia sa poi sopportare i dolori. Ma per ciò uno dei problemi fondamentali della convivenza è quello di creare uomini e donne che non abbiano, adulti, il senso di non essere stati giovani».[15]

Nel testo della relazione dattiloscritto conservato presso l'archivio personale di Laura Calogero si trova una parte del testo cancellata, non pubblicata sugli atti, ma interessante: «Camminera bene nel mondo solo chi avrà abbastanza danzato. E chi avrà goduto danzando non già soltanto perché teneva una persona dell'altro sesso tra le braccia, ma bensì perché

13. Calogero, *Necessità di una cultura storico-umanistica*, p. 614.

14. Vedi *Atti convegno di studio su Finalità e prospettive degli scambi culturali fra Italia e Stati Uniti nel settore del Servizio Sociale*, Frascati 30 giugno-5 luglio 1969, in «Quaderni della rivista di Servizio Sociale - Istisss», 1970.

15. Calogero, *Necessità di una cultura storico-umanistica*, p. 614.

danzava la danza comune, perché era preso in un ritmo comune, perché partecipava al giuoco di tutti e non si sentiva fuori del cerchio».[16]

Maria Calogero però non ha una idea mitica dell'assistente sociale: «Si postula con ciò, utopisticamente, il perfetto assistente sociale? No, perché anch'esso avrà solo una funzione integratrice, e che dovrà a sua volta essere integrata: ma non v'è dubbio che un simile assistente sociale, capace di sentire questi profondi problemi della convivenza e di aiutare i singoli a gettare ponti tra loro, non può essere un semplice funzionario, dev'essere una specie di missionario civile moderno, e quindi la sua preparazione va adeguata a ciò».[17]

Si evidenzia, anche nel linguaggio utilizzato, l'importanza che Maria Calogero attribuiva al ruolo dell'assistente sociale, è un'idea moderna, all'avanguardia per i tempi di allora – attuale anche oggi – non provinciale, aperta al nuovo mondo che in quegli anni si andava realizzando.

Le tre settimane dei lavori del Convegno di Tremezzo furono decisive per il concretizzarsi dell'idea della nascita del Cepas di Roma e della scuola Unsas di Milano. Come concordano diverse testimonianze.

La stessa Maria Calogero a pochi giorni alla fine del Convegno in una lettera indirizzata ad Ada Gobetti scrive: «Pare che dal Convegno sia uscita (per ora) questa probabilità: che noi facciamo una Scuola per Ass. Sociali con una cinquantina di borse di studio. Quando dico noi intendo il MAP – Se ci riusciamo, assorbiremo anche la Scuola del Consorzio e allora la cosa andrebbe bene. Faremmo una cosa molto seria. Appena avrò il bando di concorso te lo manderò. A Tremezzo la tua impostazione del concetto di famiglia ha fatto il punto, nonostante le scrollate di testa di numerosi D.C. Arrivederci; affettuosamente Maria Comandini».[18]

Anche Adriano Ossicini, uno dei testimoni privilegiati di quegli anni, fin dall'inizio fortemente legato alla storia del Cepas, di cui ne è stato per tanto tempo anche il direttore, nel suo volume di memorie relative agli anni del fascismo e dell'immediato dopoguerra, racconta così la nascita del Cepas: «Le basi di tutto ciò furono poste a Tremezzo, dove inoltre fu messa letteralmente a battesimo, col nome di Cepas (Centro per l'educazione pro-

16. Dattiloscritto Convegno 3ª settimana – 3ª giornata – mercoledì, 2 ottobre 1946, archivio Laura Calogero, busta manoscritti pubblicati MC.

17. Calogero, *Necessità di una cultura storico-umanistica*, p. 614.

18. Minuta della lettera di Maria Comandini a Ada Gobetti, senza data, Archivio Personale di Maria Comandini Calogero.

fessionale degli assistenti sociali) una scuola di servizio sociale inedita per l'Italia. L'idea, nata dall'incontro tra Perrotti, Musatti, Ponzo e i Calogero, a cui partecipai, e dal confronto delle varie posizioni sull'argomento, prese corpo nel concreto progetto di iniziare a Roma, sin dal febbraio 1947, un primo corso triennale del Cepas, a cui si impegnarono di collaborare anche da docenti Calogero come filosofo e pedagogista, Perrotti come psicoanalista e Ponzo come psicologo».[19]

Nella nascita del Cepas, come nel caso di altre scuole di Servizio Sociale, vediamo che le persone coinvolte nello sviluppo della figura dell'assistente sociale in Italia, non sono riconducibili ad un ambito tecnico ristretto di specialisti. L'interesse per questioni specifiche, che oggi interesserebbe solo un piccolo numero di iniziati, i tirocini, la durata del corso, i finanziamenti, le materie di insegnamento, impegna la mente di persone che non si immaginerebbe. Il loro impegno per la nascita e lo sviluppo delle scuole non è residuale, è entusiasta ed attivo.

«Non è facile valutare oggi – scrive Ossicini – quanto fossero avanzate le basi culturali su cui sorgeva questa iniziativa nel campo del servizio sociale [la nascita del Cepas]. A base del corso erano, da un lato, l'insegnamento della psicologia secondo un orientamento di fondo psicanalitico in un orizzonte didattico inedito per il nostro paese, dall'altra un piano di studi funzionale ai compiti del futuro operatore sociale, concepito sulla scorta di una stimolante relazione svolta da Maria Calogero sulla evoluzione storica e le prospettive dell'assistenza sociale." Ossicini aggiunge: "Questo Cepas era una iniziativa così concreta e invitante che lì stesso offri la mia collaborazione». [20]

Anche un altro importante documento di archivio testimonia la circostanza secondo la quale a Tremezzo furono messe «letteralmente a battesimo», il Cepas di Roma e la scuola Unsas di Milano. È l'appunto conservato nell'archivio Aai, firmato da Giorgio Molino, funzionario di primo piano dell'Amministrazione per gli Aiuti Internazionali, che con un linguaggio sintetico e asciutto, descrive le scuole di servizio sociale presenti in Italia, la nascita e i primi passi delle scuole Unsas di Roma e di Milano. Si legge nel documento:

> Al Convegno di Studi Sociali di Tremezzo è maturato il progetto per una Scuola Sociale presentato dal Prof. Calogero all'ex Ministero dell'Assistenza

19. Ossicini, *Un'isola sul Tevere*, p. 321.
20. *Ibidem*.

Post – Bellica. La Scuola si intitola: SCUOLA PER L'EDUCAZIONE PROFESSIONALE DI ASSISTENTI SOCIALI che fa capo all'U.N.S.A.S.
Il centro si prefigge il compito di garantire ai futuri assistenti sociali una preparazione culturale ampia in modo da consentire loro una più facile specializzazione.
L'iniziativa è stata finanziata dal Ministero dell'Assistenza Post – Bellica con particolare riguardo ai reduci, rimpatriati ed ai danneggiati di guerra.
Il direttore della scuola, che è lo stesso prof. Calogero, è coadiuvato da un Comitato Amministrativo e da uno Consultivo; quest'ultimo formula le proposte per il programma di insegnamento.
Gli alunni frequentano i corsi di applicazione pratica presso i diversi Enti Assistenziali.
La Scuola manca di una sufficiente biblioteca per cui tuttavia è già stato erogato l'importo di £ 1.000.000.
In seguito allo scioglimento del Ministero dell'Assistenza Post – Bellica la Scuola rimane al presente alla dipendenza del Ministero del Lavoro.

INDIRIZZO: Centro per l'Educazione professionale
di Assistenza Sociale
Piazza dei Cavalieri di Malta n° 2 ROMA

Ancora per iniziativa dell'U.N.S.A.S.L., col sussidio del Ministero dell'Assistenza Post – Bellica, parallelamente alla Scuola precedente ha avuto inizio il 1° marzo u.s. a Milano presso la Società 'Umanitaria' il CORSO BIENNALE DI ASSISTENZA SOCIALE.
Il corso ha lo scopo di preparare professionalmente gli studenti ad assolvere i compiti e le esigenze proprie dell'Assistenza e della Previdenza Sociale.
Gli Enti consorziati all'Unione assicurano che nei limiti delle disponibilità per le nuove assunzioni sceglieranno il personale tra i diplomati della Scuola.
I programmi di insegnamento, il regolamento e lo Statuto della Scuola si uniformano al centro per l'Educazione Professionale di Assistenza Sociale.
La Scuola è diretta dalla dottoressa Lucia A. Marsan Corti.

– -----------

INDIRIZZO : Corso biennale di Assistenza Sociale
Presso Società 'Umanitaria'
Via Daverio 7 MILANO[21].

21. Appunto di Giorgio Molino per Claudio Chiodelli, ACS, AAI, b. 181.

Anche se nel Convegno di Tremezzo si tenne a battesimo la nascita del CEPAS, bisogna sottolineare che l'idea della scuola era precedente al convegno stesso. A Roma, infatti, già nel gennaio del 1946 presso il Ministero per l'Assistenza Postbellica si era formata una commissione con questo scopo. Maria Calogero ne parla nel già citato "curriculum": «Fin dal gennaio 1946 ha partecipato alla Commissione (composta dai dottor Quadrini, Puma, Rancaglia ed altri) che compilò un programma per una scuola di Assistenti Sociali per i campi profughi, che il M.A.P. aveva allora intenzione di creare. In base al programma fu anche stanziato un fondo per tale scuola accelerata, che ora il M.A.P. non ha più motivo di fare».[22]

Subito dopo il convegno di Tremezzo iniziò la febbrile attività che portò poi alla nascita del CEPAS. È ancora Ossicini a descrivere i giorni che seguirono il Convegno: «Ero tornato a Roma da pochi giorni, quando Calogero [Guido N.d.A.] mi telefonò per pregarmi di andare a casa sua, che era a due passi dalla mia e dov'era in corso una riunione con Ponzo e Perrotti. Pensavo che si trattasse della preparazione del Cepas».[23]. Dopo un breve viaggio in Svizzera Ossicini tornò a Roma e cominciò il lavoro per organizzare il corso del Cepas: «E con lui [Calogero], con Ponzo e con Perrotti cominciammo intanto a organizzare il corso del Cepas, che doveva assolutamente cominciare ai primi dell'anno: grazie ad un finanziamento da parte del ministero per l'Assistenza postbellica, gli allievi che dovevano frequentarlo avrebbero potuto fruire di borse di studio. E qui venne utile la pratica che avevo fatto al consiglio delle ricerche in psicologia applicata per procedere, mediante l'uso di test, a un'ampia selezione di quelli che avevano fatto la domanda di iscrizione al corso e per stabilire una graduatoria per i meritevoli delle borse di studio».[24]

Nell'Archivio personale di Laura Calogero è conservato un dattiloscritto, copia della convenzione tra il Ministero dell'Assistenza Postbellica, Emilio Sereni, e l'Unione Nazionale per le Scuole di Assistenza sociale, rappresentate da Foscolo Bargoni per il corso di Roma. Si tratta di un documento estremamente interessante che rappresenta il "certificato di battesimo" del CEPAS.[25]

22. Archivio personale di Laura Calogero Sasso, Documento del ottobre 1946 per Ministero dell'Assistenza Postbellica di Maria Calogero Comandini.

23. Ossicini, *Un'isola sul Tevere*, p. 322.

24. Ivi, p. 324.

25. Dattiloscritto *Corso convenzionato di Roma*

Nel febbraio del 1947 il CEPAS inaugurava quindi a Roma il primo corso, nella bella sede dell'Aventino al numero 2 di Piazza Cavalieri di Malta. Guido Calogero nel suo discorso di apertura riprendeva i temi emersi al Convegno di Tremezzo:

Un assistente sociale atto non solo a diventare un funzionario di uffici assistenziali, ma anche ad operare al di fuori di tali ambienti, deve possedere non solo una sufficiente conoscenza tecnica e giuridica egli strumenti del suo lavoro, ma altresì una salda coscienza umana e sociale, capace di condurlo con sicurezza attraverso quel complicato mondo di difficoltà che in primo luogo vanno dominate dalla sicurezza dello spirito. Un buon assistente sociale deve avere serenità, pazienza, senso dell'umore.... qualità queste non solo psicologiche ma anche che si acquistano e si consolidano attraverso un lungo itinerario.... Questa serenità mentale, questa sicurezza dello spirito... nella storia della civiltà ha avuto i più diversi nomi: paideia, humanitas, cristianesimo, comprensione del prossimo, senso della storia, spirito della tolleranza e di libertà. Per conquistarla bisogna rendersi conto dei problemi fondamentali dell'agire umano... ma bisogna anche essere pronti a capire il diverso altrui pensare, senza lo stato di animo intollerante di colui che è sicuro per sempre della verità propria.[26]

Da un interessante dattiloscritto, senza data e senza firma, ma probabilmente stilato a metà del 1947 da Maria Calogero Comandini, e conservato nell'archivio personale di Laura Calogero, otteniamo quasi un'istantanea della scuola nei primi momenti della sua attività. Si tratta di una presentazione del CEPAS poco tempo dopo la sua apertura. Colpiscono nel documento la chiarezza e la lucidità delle idee alla base del progetto formativo della scuola. Così inizia la presentazione della scuola:

IL CENTRO DI EDUCAZIONE PROFESSIONALE
PER ASSISTENTI SOCIALI

Sull'Aventino, in alcuni locali di un vecchio convento, in Piazza dei Cavalieri di Malta, si è iniziato, nel mese di febbraio, il corso di Educazione Professionale per Assistenti Sociali. Il luogo pare che sia stato scelto apposta per una comunità di studiosi raccolti in un tranquillo solidale rifugio; e può far temere che tale comunità sia, come perfino l'architettura misurata e conclusa del

26. Passo del discorso di Guido Calogero all'inaugurazione del CEPAS citato da Bernocchi Nisi in *Materiali per una ricerca storica sulle scuole di Servizio Sociale*, pp. 31 e 32.

chiostro può suggerire, una comunità di mistici o di penitenti, di fuggitivi da questo mondo. Ma basta entrare nell'aula dove un centinaio di allievi si raccoglie ogni giorno a lavorare insieme con i docenti, che l'alto muro di cinta del giardino, il dirupo precipita sul Tevere, il silenzio, che acuiscono il senso del distacco dal trafficare umano, si spianano d'improvviso – e lì, dentro l'aula, la vita degli uomini, questa vita d'uomini d'oggi, entra in tutta la violenza dei suoi dolorosi molteplici problemi, giorno per giorno resi meno tumultuosi e incomprensibili, ogni giorno di più distinti gli uni dagli altri e chiaramente collegati dall'opera di analisi storica, teorica, pratica che insieme svolgono gli allievi con gli insegnanti.
Nella prolusione il Direttore del corso concludeva la sua lezione con queste parole: "discuteranno i professori, discuteranno i giovani. Un solo tipo di professore non sarà presente in questa aula: quello che non ama che gli alunni gli diano torto." A questa didattica – vivo scambio di esperienze e non già travaso accademico di sapienza – allievi e docenti sono rimasti e rimarranno fedeli.
Questo spirito di collaborazione è il presupposto primo di qualsiasi scuola di questo genere.[27]

La parola, *collaborazione* è densa di significato ed è tenuta in grande onore dagli iniziatori del CEPAS: *la collaborazione* didattica tra i professori e gli studenti, la *collaborazione civica* da introdurre e da promuovere come valore fondante della società, la *collaborazione tra gli Enti,* lo spirito di *collaborazione* che deve intessere il rapporto dell'assistente sociale con i singoli ed i gruppi. Il lavoro di squadra, il lavoro di gruppo, il lavorare insieme insomma, è il modello operativo di che ha nella *collaborazione* il valore di riferimento primario.[28]

27. Dattiloscritto *Il Centro di Educazione professionale per Assistenti Sociali,* senza data e firma, Archivio personale di Laura Calogero, busta Manoscritti 1944/1945/1946. Il grassetto del testo è mio.

28. A proposito si legga quanto Maria Calogero afferma al Convegno di Tremezzo: «Di fronte a un villaggio diroccato, il primo uomo si mette a sedere e dice "non c'è che fare"; e tutt'al più aspetta l'aiuto borbonico del prefetto o del Signore feudale. Il secondo sgombra le macerie solo davanti alla casa propria, o si fa una baracca per sé. Il terzo organizza una squadra, discute un piano comune e cerca di metterlo in atto. Qui è la civiltà. Quest'uomo ha sentito e creato "lo spirito della comunità"; lo spirito del *team,* di *équipe*, che nello sport è sempre in funzione di gara con altre *équipes* (e così lo "spirito di corpo" militare), mentre qui si tratta di farlo sentire e promuovere anche nella sua validità in sé». Calogero, *Necessità di una cultura storico-umanistica*, p. 613.

«La quale, – continua la presentazione del CEPAS – per il suo compito specifico che è quello di creare dei professionisti dell'assistenza, ma non mai dei burocrati, degli uomini pratici, ma non degli empirici, delle personalità attente e sensibili, ma insieme solidamente formate, non chiuse ad alcun problema ma non sopraffatte da alcun problema, per questo suo compito dev'essere scuola altamente formativa e scuola tecnica».[29] Si torna al tema caro a Maria Calogero che evidenzia l'esigenza di una formazione "alta" ma non "accademica", "professionale" ma non "burocraticistica", "pratica" ma non per questo addossata su aspetti "tecnicistici". Il CEPAS si voleva collocare, in maniera originale, accettando la sfida non facile di una formazione completamente innovativa nel panorama di allora. Il documento prosegue descrivendo brevemente gli insegnamenti:

A questa prima esigenza soccorrono gli insegnamenti di "etica sociale", di formazione politico-sociale del mondo contemporaneo con particolare riferimento all'Italia, di economia politica. I corsi di psicologia, legislazione del lavoro e della previdenza, dell'assistenza in Italia, della medicina sociale, di statistica, di bibliografia, di inchiesta sociale, di organizzazione domestica e urbanistica, di esercitazione pratiche di assistenza, danno in questo primo anno agli allievi un primo avviamento tecnico che sarà ulteriormente approfondito nel secondo anno. Si individuano poi i momenti per una esperienza sul campo: "Durante tre mesi estivi, dopo un breve necessario periodo di riposo, i giovani saranno dislocati presso enti assistenziali, enti educativi, ricreativi, colonie, carceri, quartieri popolari, campi ecc. e si cercherà di tener conto dei loro gusti personali in modo che essi possano già esperimentare le loro cognizioni e attitudini nel contatto diretto con il mondo in cui dovranno operare."[30]

Il Convegno di Tremezzo è indicato anche da questo documento come un momento decisivo per la nascita della Scuola:

> La necessità di creare anche in Italia questo tipo di professionisti è stata inizialmente sentita dai grandi Enti Assistenziali che, unitisi in consorzio (Unione per le Scuole di Assistenza Sociale, U.S.A.S.) hanno trovato aiuto presso l'organismo statale che più soffriva – sia nel funzionamento centrale che in quello periferico – che la carenza di personale assistenziale modernamente preparato, il Ministero dell'assistenza Post-bellica che ha perciò prontamente

29. Dattiloscritto *Il Centro di Educazione professionale per Assistenti Sociali,* senza data e firma, Archivio personale di Laura Calogero, busta Manoscritti 1944/1945/1946.
30. *Ibidem.*

> aderito, con il suo intervento finanziario, al piano che fu elaborato prima del Convegno per l'assistenza sociale tenutosi a Tremezzo nel settembre scorso.
>
> Le discussioni e le conclusioni del Convegno cui il largo apporto dei tecnici stranieri e italiani e di competenti nelle varie branche di attività diede un'ampiezza e una risonanza inattesa confermarono la validità e la modernità dell'orientamento da cui quel piano di lavoro era nato.
> Un comitato consultivo costituito a Roma e comprendente le personalità più qualificate in questo ramo permise un notevole perfezionamento dello schema organizzativo del corso, sia per la distribuzione delle materie che per la scelta dei documenti.[31]

C'è un accenno importante circa gli studenti del CEPAS, che avevano alle spalle "prove durissime": «D'altra parte l'assegnazione di cinquanta borse di studio avvenuta sulla base di un esame di concorso che è stato veramente una prova di maturità cui i candidati sono stati sottoposti ha favorito notevolmente la selezione degli allievi e ha permesso di raccogliere in un lavoro comune giovani da regioni lontane e di esperienze diverse, spesso già maturati da prove durissime, tutti provenienti da ambienti di lavoro e di difficoltà di vita. Questi, del Centro, non sono allievi che debbono andare a scuola, sono giovani che vogliono prepararsi a iniziare o a continuare una battaglia di cui conoscono l'asprezza».[32]

La nascita della scuola voleva segnare anche un punto di non ritorno rispetto alla precedente scuola fascista.

> La costituzione del centro ha certamente segnato un punto nella storia delle scuole per assistenti sociali in Italia. La tradizione precedente aveva il suo inizio nella fondazione della scuola per Assistenti di fabbrica di S. Gregorio al Celio che aveva, perfino nei suoi insegnamenti tecnici (razzismo, demografia), e certamente nella sua impostazione, i segni del P.N.F. che la controllava e della Confindustria che la finanziava; evidentemente chiusa a ogni influsso che potesse venirle dall'esperienza già molto progredita dei paesi europei ed extraeuropei, concepita come creatrice di elementi docili ed essenzialmente burocratici o tutt'al più premurosi di quei "casi individuali" che le visite domiciliari mettevano sotto gli occhi, essa ignorava quasi completamente quel lavoro di gruppo che in realtà presuppone una chiara volontà di democrazia e che è in Italia assai più importante di quell'assistenza al caso individuale che appare un po' come un lusso, di paesi che già hanno risolto gli elementa-

31. *Ibidem.*
32. *Ibidem.*

ri problemi che ci assillano[33]; ovviamente trascurata ogni libera formazione attraverso una cultura di tipo umanistico e liberale, essa era aperta solamente ad allieve: i ragazzi ne erano esclusi forse perché il compito di costituire quadrate legioni di guerrieri ad essi affidato era troppo fiero per potersi abbassare alle delicatezze dell'Assistenza; e forse perché l'assistenza sociale, così come era concepita, ben si addiceva a quel tipo di 'donna – produttrice di figli per la patria" che era il tipo propagandato della obbediente casalinga.[34]

Il CEPAS, tuttavia, vuol trovare una sua strada anche differenziandosi dalle altre esperienze formative presenti in Italia nelle quali non sente di riconoscersi: «Le altre scuole, di Roma e di Milano, tutte a carattere confessionale, di data più recente e quindi esenti da impronte del Regime, non uscivano tuttavia da quello schema».[35]

Il documento si conclude con un piccolo significativo elenco di punti irrinunciabili per il CEPAS, fin dai suoi primi passi: «Crediamo che d'ora innanzi sarà difficile tornare indietro almeno su questi punti: ammissione di giovani di ambo i sessi; necessità di una adeguata preparazione storico-sociale, orientamento più specifico verso il lavoro di gruppo (di cui, ovviamente, il "caso individuale" può essere necessario presupposto). Le lezioni sono pubbliche e gli ascoltatori sempre graditi».[36]

Il CEPAS iniziò così i suoi corsi nel febbraio 1947. È indubbio che la nascita della scuola inserì importanti elementi di vivacità nel dibattito del dopoguerra e si caratterizzò come una scuola "laica" e "anticoformista", ma ebbe un percorso non facile: il disegno formativo originale ed innovativo dei suoi iniziatori ebbe le sue difficoltà ad affermarsi. Le asprezze più dure si consumarono proprio con l'UNSAS, la sigla a cui inizialmente il CEPAS aderiva.

33. Si confronti questa affermazione con quanto scrive Lodovico Montini, presidente dell'AAI, nella prefazione del libro di Hamilton : «Confesso che di fronte al largo strato di miseria ancora esistente in Italia, pare quasi un'affettazione introdurre la discussione sull'esame 'del caso', sul 'colloquio' coll'assistito, e sulle sfumature dei rapporti su presunti bisogni psichici di alcuni pazienti e le abilità professionali di gente che fa il mestiere lucroso del Servizio sociale d'alta classe! Se non ci occuperemo prima del misero affamato, ignudo, costretto in stamberghe o in tuguri. Noi costruiremo sulla rena le organizzazioni di un *servizio sociale per psicopatici di lusso*». Montini, *Prefazione*, in Hamilton, *Teoria e pratica del servizio sociale*, p. X. Le virgolette e il corsivo sono del testo.

34. Dattiloscritto *Il Centro di Educazione professionale per Assistenti Sociali,* senza data e firma, Archivio personale di Laura Calogero, busta Manoscritti 1944/1945/1946.

35. *Ibidem.*

36. *Ibidem.*

Non è ancora stato descritto – e sarà necessario farlo – il lungo, e per certi aspetti interessante, contenzioso che si concluse con la separazione del CEPAS dall'UNSAS. Si tratta di una vicenda emblematica e perfettamente inquadrata nella dialettica storica tra il "vecchio" e il "nuovo" tanto presente nella società italiana del dopoguerra.

7. Il "caso" della Scuola nazionale di servizio sociale per religiose. Una realtà formativa indipendente nel panorama delle "scuole nuove" di servizio sociale (1950)

«Si è aperta, di recente, una scuola di servizio sociale per religiose con sede in via dei Bresciani 32». Esordiva così un breve articolo pubblicato nel numero 6 del 1950, della rivista *Assistenza d'oggi* edita a cura dell'Amministrazione Aiuti Internazionali (AAI).

Nel panorama delle scuole di servizio sociale che presero piede nel secondo dopoguerra, questa iniziativa era di "indubbia importanza", come commentava lo stesso curatore del notiziario della rivista *Assistenza d'oggi*. «Tramite essa – continua la notizia – potrà, infatti concretarsi la tanto necessaria e auspicata preparazione professionale del personale che è diuturnamente ed in gran numero a contatto dei bisognosi, in prevalenza bambini. Le deficienze ed i bisogni di questo settore interessano in modo particolare l'AAI che vi esplica tanta parte della sua attività».[1]

1. AAI (a cura di), *Assistenza d'oggi. Rassegna di problemi dell'assistenza*, 6, Editrice AAI, Roma 1950. Alle pp. 62-63 si legge: «Scuola di servizio sociale per religiose. Si è aperta in Roma, di recente, una scuola di servizio sociale per religiose con sede in via dei Bresciani 32. Alle allieve saranno impartite lezioni teoriche sui principi ed i metodi del servizio sociale con aggiornati riferimenti alle attuali esigenze di perfezionamento delle prestazioni assistenziali, e fatte svolgere esercitazioni pratiche complementari. L'iniziativa è di indubbia importanza. Tramite essa potrà, infatti concretarsi la tanto necessaria e auspicata preparazione professionale del personale che è diuturnamente ed in gran numero a contatto dei bisognosi, in prevalenza bambini. Le deficienze ed i bisogni di questo settore interessano in modo particolare l'AAI che vi esplica tanta parte della sua attività. A conferma di ciò valgano le note che in altre pagine della rivista illustrano ed esaminano la situazione attuale e le possibilità future di un servizio sociale d'istituto. Si tratterà soprattutto, e non sarà questo compito lieve, di "educare" a teorie e concetti moderni, multiformi e non semplici, elementi che, nella maggioranza fanno tradizionalmente le proprie energie mentali e morali in un'opera essenzialmente caritativa che richiede però una specializzazione tecnica ed un

La scuola per Religiose rappresenta un "caso" interessante per esaminare con completezza le esperienze formative del periodo.

Nel 1950 esistevano già le sigle che raccoglievano le scuole di servizio sociale. Accanto alla laica Unsas (Unione Nazionale per le Scuole di Assistenti Sociali), esistevano ben due raggruppamenti cattolici: l'Ensiss (Ente Nazionale per le Scuole di Servizio Sociale), animato da Don de Menasce e le scuole che facevano riferimento all'Onarmo (Opera Nazionale per l'Assistenza Religiosa e morale degli Operai) guidato da mons. Baldelli.

Esistevano, certo, esperienze di scuole indipendenti, ma nel caso della scuola per religiose è un aspetto di interessante originalità il suo non aderire, né all'inizio né in seguito, alle sigle cattoliche. Don de Menasce, nel 1948, lamentava in una lettera a Arcadio Larraona, allora Segretario della Sacra Congregazione per Religiosi, la mancata iscrizione delle suore alla Scuola Ensiss.[2] Le suore, infatti, non si iscrissero a nessuna delle scuole nate fin dall'immediato secondo dopoguerra.

Se è comprensibile la "ritrosia" da parte delle varie Congregazioni a fare iscrivere le singole suore alle scuole laiche, frequentate da laici, già esistenti, tale motivazione, tuttavia, spiega in modo del tutto insufficiente la collocazione "indipendente" che la scuola per religiose ebbe fin dall'inizio, ponendosi come interlocutore credibile e di alto profilo, e differenziandosi in modo originale dalle esperienze nate anche in ambito cattolico.

L'Aai, attraverso i suoi giovani funzionari e il Presidente, Lodovico Montini, guardava con una certa apprensione alla situazione degli Istituti Assistenziali usciti malconci dal conflitto, e che risentivano della tutt'altro che adeguata preparazione del personale, soprattutto religioso, che vi operava.

Lo storico Parisella così sintetizza il panorama assistenziale di quegli anni: «Infatti, l'inchiesta parlamentare sulla miseria in Italia aveva fatto

armonico funzionamento nel quadro delle attuali esigenze sociali. Queste considerazioni e le garanzie di serietà d'intenti che al programma conferisce la propria singolare provenienza, rendono certi del buon esito e della sua giusta importanza».

2. Di tale lettera riferisce Lucia Delitala, in un suo interessante studio nel quale riporta in modo puntuale documenti inediti, *Fenomeno delle religiose assistenti sociali in Italia*, tesi di diploma, Scuola Firas, Roma 1970. Significativo è, a riguardo, anche il lavoro di A. Ressmann Caravale, *Scuole di Servizio Sociale e percorsi formativi. La Scuola diretta a fini speciali per assistenti sociali del Magistero "Maria S. S. Assunta"*, tesi di diploma, Scuola Firas, Roma 1990.

emergere l'enormità dei problemi tuttora presenti nel paese ed aveva messo in luce le inefficienze e l'inadeguatezza del sistema vigente, che tra l'altro, disperdeva ingenti risorse interne e consistenti aiuti esteri – soprattutto americani – attraverso mille rivoli costituiti da una congerie di enti ed organi pubblici e privati, laici e religiosi sorti per occuparsi dei settori più disparati e talora attenti più a giustificare la propria esistenza che a svolgere un fine socialmente utile».[3]

Nel mondo cattolico di allora, da più parti, si seguiva con un certo allarme il dibattito riguardante l'istituzione di un Ministero dell'Assistenza che, avocando a sé le funzioni di coordinamento e controllo, in qualche modo avrebbe finito per esautorare – così si temeva – la Chiesa cattolica da una fetta importante delle sue attività.[4]

Mons. Baldelli non mancò di esprimere ripetutamente, anche contrapponendosi fortemente al governo, questa preoccupazione. Scrive Baldelli in un articolo pubblicato sulla rivista *Caritas:* «D'altra parte è risaputo – e lo ripetiamo – che gli enti caritativi cattolici questo coordinamento lo hanno posto in atto da lungo tempo e continuano a mantenerlo vivo attraverso la Chiesa, rispettando ciascuno i compiti e le sfere dell'altro [...] Penserà la Chiesa per quanto riguarda gli enti cattolici a disciplinare il sacro ardore e ad orientare la loro attività secondo le esigenze più pressanti: ma la "materia prima" è quella, e fortunato lo Stato che se ne sa servire».

La posizione di Baldelli era chiara: lo Stato, anche se guidato da un partito cattolico, non dava alcuna garanzia alla chiesa e la sua pretesa di razionalizzare e coordinare le attività assistenziali era vista solo come un'ingerenza.

Tuttavia nessuno, anche in ambito cattolico, poteva ignorare la effettiva condizione in cui versavano i vari enti dopo la seconda guerra. Già nel 1947, in una nota riservata, il Presidente della Azione Cattolica, Vittorino Veronese, invia a Lodovico Montini un "memorandum". Nel già citato documento troviamo, accanto alla preoccupazione per la presenza aggressiva e invadente di "forze avverse" alla chiesa, anche la consapevolezza di una realtà inadeguata: «Le opere cattoliche, – si legge nel documento – malgrado il loro numero e la loro varietà così imponenti, si trovano in pericolo, per mancanza di personale preparato tecnicamente, di essere combattute, controllate e praticamente sostituite da opere, che non hanno il nostro spi-

3. Parisella, *Mondo cattolico e Democrazia cristiana*, p. 154.
4. Di tale proposta si discusse molto anche al convegno di Tremezzo.

rito, ma applicano quei metodi moderni, che sono diventati, nel campo dell'assistenza sociale, altrettanto necessari quanto la competenza medica nella cura degli ammalati».[5]

Nello stesso numero di *Assistenza d'oggi* del 1950, dove apparve la notizia della nascita della Scuola Nazionale per Religiose, Vittorio Torri con un articolo dal titolo *Un settore inesplorato del servizio sociale, gli istituti di ricovero per minori,* esaminava il problema dei fanciulli ricoverati in modo permanente presso le strutture. Ne emergeva un quadro per certi aspetti disperante: l'attività assistenziale in Italia, in questo settore, risultava essere fortemente inadeguata: «L'esigenze dell'infanzia, – scriveva Torri – esaminate alla luce dei progressi compiuti dalle scienze pedagogiche, psicologiche, medico – sociali, etc. risultano più acute e ancora più inadeguata appare l'attività assistenziale».[6]

Vittorio Torri nel suo articolo, riportò l'enorme cifra di circa «trecentomila» fanciulli ricoverati in istituzioni permanenti, cioè in istituti gestiti per la maggior parte da congregazioni religiose. La cifra riportata da Torri, forse esagerata rispetto alla realtà, segnalava una vera e propria emergenza sociale.[7] Erano urgenti riposte a vari livelli per un fenomeno di natura complessa. Torri individuava proprio nella «insufficiente preparazione del personale degli istituti» uno dei problemi principali.

Quali erano le soluzioni possibili? «A questa grave e diffusa situazione – continua Torri – il Servizio sociale può ovviare sia con l'organizzazione di apposite scuole o di speciali corsi per il personale già impiegato (e in questo senso qualcosa si sta facendo anche per il personale religioso: è di recente data l'istituzione in Roma della Scuola Nazionale di Servizio Sociale per Religiose) sia con l'inserimento di personale nuovo specializzato».[8]

Questo era l'orientamento dell'Aai, l'attività assistenziale in Italia aveva bisogno di essere modernizzata, la formazione del personale era un punto

5. Acs, Mi, Aai, b. 47, Memorandum allegato alla Nota personale 4.11.1946 all'onorevole Montini a firma avv. Vittorino Veronese.

6. Vittorio Torri, *Un settore inesplorato del Servizio Sociale. Gli istituti di ricovero per minori*, in *Assistenza d'oggi*, p. 22.

7. Da un'indagine svolta dalla stessa Aai il numero dei minori ricoverati si aggira intorno alle duecentomila unità. Acs, Mi, Aai, b. 88. Comunque si trattava di numeri incredibili, tali da rappresentare nell'Italia di allora un "fenomeno" sociale e assistenziale preoccupante.

8. Torri, *Un settore inesplorato*, p. 28.

fondamentale di questa opera di ammodernamento che sarebbe dovuta avvenire o attraverso l'aggiornamento del personale esistente o con l'inserimento di personale esterno. Quest'ultima ipotesi, «l'inserimento di personale nuovo specializzato», non poteva non allarmare gli ambiti ecclesiastici.

Nell'ottobre del 1950 Padre Arcadio Larraona, parlando alle Madri Superiori dei vari ordini religiosi, esponeva le motivazioni che stavano alla base della fondazione della Scuola di Servizio Sociale per Religiose. Di quest'incontro esiste un resoconto che riassume tali motivazioni:

> 1) [...] Il Governo di giorno in giorno si preoccupa sempre maggiormente di quelle opere che vanno sotto il nome di assistenza sociale. Esso vuole che di tali opere abbiano cura e responsabilità persone tecnicamente preparate e che possono comprovare tale preparazione e quindi dare garanzia con titoli di studio specifici.
> Il Governo si appresta a promulgare una legge a tale proposito; legge con la quale richiederà particolari studi e titoli per le persone addette alle opere di assistenza.
> Dopo una tale legge, le Congregazioni religiose, nelle mani delle quali stanno la maggior parte degli Istituti di assistenza, si troveranno nella dura necessità di perdere la direzione di detti Istituti e vedersi imporre per tale compito persone estranee e forse molto pericolose, se esse stesse non hanno suore provviste dei titoli richiesti dallo Stato.
> Sarebbe ben triste se dovesse avvenire tale intrusione di elementi estranei e non di rado avversi.
> 2) Osservando attentamente il delicato compito affidato alle Suore dedite alle opere di assistenza ben si avverte quanto importi che le suore siano spiritualmente, didatticamente e tecnicamente preparate. In molti casi le persone cui va l'assistenza sono anormali, tarate e per formarle o riformarle, non basta il comune senso materno di cui ogni donna è dotata.
> C'è il pericolo che non bene assistite tali persone, in parte tarate, invece di migliorare, si corrompano maggiormente.
> 3) L'Autorità Ecclesiastica Superiore domanda tale preparazione specifica alle opere di assistenza e chiede che le religiose si muniscano dei titoli per l'apostolato dell'assistenza sociale e quindi compiano i debiti studi.
> 4) [...] L'assistente Sociale è chiamata a svolgere ruoli sempre più rilevanti, La figura e la funzione dell'assistente sociale assume di giorno in giorno sempre maggiore importanza. Sia per lo Stato, sia per i grandi complessi industriali l'assistente sociale è chiamata a svolgere un compito molto rilevante.
> 5) [...] L'autorità ecclesiastica, cui incombe salvaguardare lo spirito religioso delle persone consacrate a Dio, per ovviare alle difficoltà che potrebbero in-

> contrarsi e nello stesso tempo per realizzare quanto richiesto dalle circostanze dei tempi viene incontro colla istituzione di una scuola di Assistenza Sociale esclusivamente per le Religiose.
> Si è certi che questo sano aggiornamento e ammodernamento, riflette lo spirito e la volontà dei Fondatori e Fondatrici, santamente arditi per i loro tempi, che compresero che la vera carità spinge a servirsi di tutti i mezzi sani per operare il bene del prossimo
> La fondazione di una Scuola di Servizio Sociale per Religiose risponde ad un triplice bisogno:
> a) La necessità odierna di offrire alle Religiose la possibilità di acquistare il titolo di "Assistente Sociale", titolo che sarà tra breve necessario per poter dirigere un'attività benefica o caritativa;
> b) mettere a disposizione delle Religiose un ambiente adatto alle loro peculiari esigenze spirituali ed organizzative nel quale abbiano la possibilità di aggiornarsi nel campo dell'assistenza e della rieducazione senza che niente venga a offuscare lo spirito religioso;
> c) evitare agli Ordini Religiosi i quali capiscono la necessità di dare ai propri membri una formazione professionale di "assistente Sociale" di dovere sopportare gravi sacrifici finanziari.
> La Sacra Congregazione dei Religiosi ha promosso la fondazione di una Scuola di Servizio Sociale per rispondere a questo triplice bisogno.[9]

Arcadio Larraona, in modo chiaro ed esplicito, rappresentava la situazione alle responsabili degli ordini religiosi impegnati nei vari campi dell'assistenza e soprattutto negli istituti. Da una parte si avvertiva l'esigenza di formare il personale, – «non basta il comune senso materno di cui ogni donna è dotata» per rispondere a problemi e situazioni difficili «perché invece di migliorare, si rischia di corrompere maggiormente» – dall'altra il governo italiano, guidato dalla DC di De Gasperi, premeva perché questo ammodernamento avvenisse, senza troppo indulgere sul fatto che fossero istituzioni ecclesiali.

Il governo italiano, in campo assistenziale, in quel periodo significava l'AAI, guidata da Lodovico Montini, il quale aveva in più sedi e con forza proposto una riforma assistenziale moderna e laica.

«Aggiornamento» e «Ammodernamento»: queste le parole d'ordine della nuova scuola; è interessante notare il fatto che queste due esigenze

9. Riunione del 9 ottobre con le Madri Superiore, riassunto trasmesso da P. A. Larraona il 14 ottobre, conservato nell'Archivio della Sacra Congregazione dei Religiosi e riportato integralmente in Delitala, *Fenomeno delle religiose assistenti sociali*, pp. 12-16.

non erano viste come una spoliazione della propria identità religiosa. Il richiamo all'esperienza originaria dei fondatori, «santamente arditi», doveva spingere a ricercare nei nuovi tempi i «mezzi sani» per aiutare il prossimo.

Questo documento si colloca perfettamente nella linea della "mobilitazione della Chiesa Pacelliana" di quegli anni. Su questo particolare momento della vita delle congregazioni religiose Andrea Riccardi scrive:

> Anche i religiosi e le religiose hanno una parte concreta nella mobilitazione della Chiesa Pacelliana. Numerosi sono gli interventi del pontefice per un impegno più deciso nella vita attiva, con la conseguente modifica di consuetudini tradizionali e con l'abbandono di sistemi che mettevano la vita religiosa ai margini dell'impegno concreto della Chiesa: «La scelta di Pio XII è quella di lasciare immutato il quadro teologico e giuridico della vita dei religiosi, e di insistere invece per un suo aggiornamento pratico» – ha scritto Morozzo della Rocca – [...] Lo stesso papa e la congregazione vaticana favorivano forme di federazione tra gli istituti religiosi, onde accrescerne la compattezza e superare particolarismi tradizionali.[10]

La scuola che nacque in questo quadro non fu, tuttavia, una scuola "confessionale", né fu una scuola di serie B, messa insieme solo per dare una "vernice" di formazione al fine di tacitare le insistenti richieste che provenivano dagli ambiti governativi.

Da queste premesse emerse una scuola religiosa, ma non "confessionale", profondamente "laica" nei confronti dei metodi e della cultura del servizio sociale che si veniva esprimendo nel periodo.

La direzione della scuola fu affidata a Antonietta Castigli, Odile Vallin, che dava garanzie di competenza e serietà, era membro del comitato direttivo come consulente. La Vallin poteva vantare l'esperienza della direzione della Scuola pratica di servizio sociale di Milano, la prima "scuola nuova" che era sorta in Italia nel dopoguerra. La sua opera era definita "appassionata e competente" dai collaboratori di Montini all'Aai.[11]

Il 3 gennaio del 1951 iniziano, quindi, le lezioni della Scuola Nazionale per Religiose, in via dei Bresciani 32, a Roma.

10. In Andrea Riccardi, *Il potere del Papa. Da Pio XII a Giovanni Paolo II*, casa ed, Bari 1993, pp. 116-117. Sulla storia degli ordini religiosi sotto il pontificato di Pio XII si veda R. Morozzo della Rocca, *Le Chiese Parallele: i religiosi*, in A. Riccardi (a cura di), *Le chiese di Pio XII*, Laterza, Roma-Bari 1987.

11. Si veda la biografia di Odile Vallin curata da Pagani, Cortigiani, Lerma e Canali nel volume curato da Stefani, *Le origini del servizio sociale italiano.*

Nella rivista Ricreazione del 1951, troviamo una testimonianza assai interessante circa la nascita e i primi passi di questa scuola. In un suo articolo, è la stessa Odile Vallin che spiegava e contestualizzava la nascita della scuola:

UNA SCUOLA PER RELIGIOSE IN RELAZIONE
AD ALCUNI ASPETTI PARTICOLARI DEL SERVIZIO SOCIALE

Il problema della formazione del Personale destinato al lavoro di educazione e di rieducazione in Istituto di ricovero, e quello della formazione di personale specializzato per l'educazione popolare attraverso l'impiego del tempo libero e la ricreazione, sono problemi che oggi preoccupano i Dirigenti del Servizio Sociale di ogni Nazione.

La Conferenza Internazionale di Servizio Sociale di Parigi ha soffermato lungamente la sua attenzione su questo problema così importante ed attuale. Si è prospettata anzi la possibilità di consacrare integralmente o parzialmente la prossima Conferenza Internazionale a questo problema e a quello più vasto del Servizio Sociale di Gruppo.

Sono noti gli sforzi vari fatti in questo campo nei paesi stranieri: i Corsi per "educatori" organizzati dal Home Office in Inghilterra e il contributo portato dallo scautismo e da molte organizzazioni giovanili. In Francia attualmente si sviluppano sempre più le Scuole o Corsi per "educatori" e le sessioni varie di formazione per i "moniteurs" destinati alla formazione dei "loisirs". Così è magnifica l'attività del "Cours International pour moniteurs", organizzato a Ginevra dall'Aiuto Svizzero all'Europa, e il Corso simile sostenuto dalla stessa organizzazione a Milano.

Il problema è impellente anche in Italia, e presenta questa caratteristica che la maggioranza degli Istituti di ricovero destinati all'infanzia e alla gioventù, e buona parte delle organizzazioni ricreative sono dirette da Religiose.

Per rispondere a questi determinati bisogni e farlo con una visione sufficientemente larga e profonda dei problemi sociali connessi, si rendeva necessaria una Scuola di Servizio Sociale destinata specificatamente alle Religiose, pur conservando nella ispirazione fondamentale e nelle grandi linee organizzative la stessa struttura delle altre Scuole di Servizio Sociale.

Il 3 gennaio 1951 hanno avuto regolare inizio le lezioni del 1 Corso della Scuola Nazionale di Servizio Sociale per Religiose, che ha sede in Roma Via dei Bresciani 32. Le iscritte sono 50 Religiose appartenenti a 21 Congregazioni e provenienti dalle più diverse parti d'Italia: sono rappresentate le Province di Torino, Udine, Belluno, Bergamo, Verona, Padova, Milano, Genova, Piacenza, Parma, Cremona, Brescia, Firenze, Perugia, Siena, Roma, Napoli, Lecce, Messina, Palermo. La maggior parte di queste Religiose ha già lavorato nei più

svariati campi: dall'orfanotrofio al carcere, dalle opere benefiche o ricreative delle parrocchie agli ospedali.
I programmi e i metodi di formazione delle Studenti non sono dissimili da quelli delle altre Scuole di Servizio Sociale. Un minor sviluppo sarà dato però alla tecnica delle cosiddette pratiche assistenziali ed amministrative, mentre è fondamentale l'aspetto dell'addestramento a trattamento del caso. Lo studio del caso individuale è fondamentale in tutte le Scuole di Servizio Sociale, ma esso assume in questa Scuola una importanza tutta particolare. Il personale adibito a gruppi educativi o rieducativi dovrebbe in certi casi essere poi specializzato in modo da poter collaborare validamente con gli psichiatri e gli psicologi nella diagnosi e nel trattamento del caso.
Non può però essere preso in considerazione soltanto il Servizio Sociale dei casi individuali, perché molte di queste Religiose, Allieve Assistenti Sociali, sono destinate a lavorare in Gruppi. Sarà compito quindi dalla Scuola cercare di avviare le sue studenti verso nuove forme di assistenza, ispirate alle tecniche del Servizio Sociale di Gruppo.
Un altro problema attuale è quello del necessario collegamento tra gli ambienti di ricovero, nei quali spesso il personale interno è composte di Religiose, e l'ambiente esterno "after care", Servizio Sociale di Ospedale ecc.
Non sempre sarà possibile alle Religiose operare loro stesse il necessario collegamento, ma avendone compresa la necessità, sarà anche possibile che vengano stabiliti rapporti di collaborazione tra il personale interno e gli assistenti Sociali adibiti a questo compito.
La Scuola però non vuole essere specificatamente e soltanto una Scuola per educatrici, infatti le Religiose svolgono una azione assistenziale nelle famiglie.
In Germania e nella Svizzera tedesca, le Parrocchie per le loro opere benefiche, caritative, sociali, educative e ricreative, ricorrono spesso alle cosiddette "Assistenti Sociali Parrocchiali", le quali ricevono una formazione analoga a quella delle comuni Assistenti Sociali dei suddetti Paesi.
Anche da noi è necessario dare una formazione tecnica a tutti coloro che lavorano nel vasto campo sociale e quindi pure a chi esplica attività assistenziale nella Parrocchia.
Le Religiose Studenti presso questa scuola svolgono una assistenza familiare anche perché è indispensabile che le future educatrici, destinate ad orfanotrofi o case di rieducazione abbiano ricevuto una formazione che le abbia messe a contatto con i problemi della famiglia.
Confidiamo perciò che la nuova Scuola possa portare un valido contributo allo sviluppo del Servizio Sociale in Italia. O.V.[12]

12. Odile Vallin, *Una scuola per religiose in relazione ad alcuni aspetti particolari del servizio sociale*, in «Ricreazione», III/1-2-3 (1951), p. 146.

Su questo testo, che per la sua importanza si è voluto riportare per esteso, si possono fare molte osservazioni. Innanzitutto la scuola non fu solo una risposta "difensiva" alle critiche e alle questioni sollevate nei confronti delle istituzioni assistenziali gestite in gran parte dai religiosi, ma fu una risposta di alto profilo a problemi nuovi avvertiti non solo in Italia, ma in ambito internazionale.

La presenza di Odile Vallin, in effetti, affrancava questa nuova esperienza formativa, dai rischi di un provincialismo da cui non furono del tutto esenti invece altre esperienze.

È possibile comprendere meglio la impostazione non confessionale, aperta, che la Vallin diede alla scuola fin dalle prime battute confrontandola quella dell'ONARMO.

Sulla stessa rivista Ricreazione, accanto all'articolo della Vallin troviamo un'altra testimonianza. Si tratta di un articolo di Virginia Delmati che riferisce della Scuola ONARMO di Roma. Nella rivista i due articoli sono posti uno accanto all'altro tanto da renderne possibile quasi una lettura sinottica.

Mentre la Vallin affermava che nella neonata scuola «I programmi e i metodi di formazione delle Studenti non sono dissimili da quelli delle altre Scuole di Servizio Sociale», la Virginia Delmati sosteneva: «La nostra Scuola ha inteso, sin dall'inizio, rappresentare *la concezione cristiana del servizio sociale*».

Poco più avanti la Delmati spiega nello stesso articolo che questa concezione cristiana non è solo lo sfondo su cui si muove la Scuola, ma è molto di più: «Questa concezione cristiana, ispira tutto l'insegnamento della Scuola, allargando straordinariamente gli orizzonti delle discipline biologiche, psicologiche, economiche e morali che vi si professano e conferendo ad esse una unitarietà semplice, mirabile se pur riflessa dall'alto, quale suprema spiegazione degli ultimi, insolubili dilemmi delle singole scienze».[13]

Dalla descrizione della Vallin si desumono altre informazioni importanti circa il funzionamento e le scelte didattiche della scuola. Le 50 suore iscritte provengono da ben 21 congregazioni religiose, e 20 sono le province italiane rappresentate. Il trattamento del caso, il lavoro di Gruppo, *l'after care*, l'attenzione agli altri soggetti con i quali l'assistente sociale è

13. Virginia Delmati, *Origini e attività della Scuola Superiore di Servizio Sociale dell'ONARMO,* in ivi, p. 147. Il corsivo è del testo.

chiamata a collaborare, sono alcuni dei campi dell'intervento sociale che si volevano sottolineare. «Un minor sviluppo sarà dato però alla tecnica delle cosiddette pratiche assistenziali ed amministrative».[14]

Una importanza particolare venne data al tirocinio che iniziò dal primo anno, come era nell'impostazione della Odile Vallin. Questa la Scuola Nazionale di Servizio Sociale per Religiose nei primi momenti della sua nascita e del suo sviluppo.

Resta, tuttavia, l'interrogativo sul perché la Scuola Nazionale di Servizio Sociale per Religiose si distanziò dalle sigle cattoliche esistenti.

Non è possibile dare una risposta esaustiva a questo interrogativo. È tuttavia possibile ipotizzare che, come avvenne per altre scuole, questa esperienza formativa rappresentasse un iniziale tassello nella costruzione di un progetto più largo.

Nel disegno complessivo della riorganizzazione assistenziale, le scuole avevano sintetizzato, ora in un modo ora in un altro, le varie "idee", le varie impostazioni, le varie "anime", se così si può dire, che in quel periodo si andavano esprimendo. In particolare, la Scuola per religiose sembrava esprimere una di queste "idee" e di queste sensibilità, quella delle congregazioni religiose. La differenziazione dall'ONARMO e dall'ENSISS, quindi, non fu casuale.

Questa ipotesi trova conferma in alcuni documenti trovati nell'archivio della Presidenza dell'Amministrazione Aiuti Internazionali, conservati presso l'Archivio Centrale dello Stato.

Sono documenti che testimoniano dei contatti che la Sacra Congregazione per i Religiosi – e l'allora suo segretario Larraona – stabilì nel 1956 con l'AAI e, in particolare, con Lodovico Montini.

La Scuola per religiose nel 1956, ancora *ispirata della consulenza tecnica della Vallin*, era al quinto anno della sua attività, e fin dal 1952 richiese di partecipare ai programmi di assistenza tecnica dell'AAI. Fin dal "suo sorgere" la scuola poté contare sugli aiuti AAI.[15]

14. Odile Vallin, come è emerso in una conversazione tra lei e l'autrice, e altri formatori della prima generazione hanno sempre mostrato una certa insofferenza per la "burocrazia" e hanno sempre tenuto a ribadire che l'assistente sociale non era un "funzionario burocratico".

15. Come sostenuto da Lodovico Montini in una lettera alla Sacra Congregazione dei Religiosi di cui si tratterà diffusamente più avanti. ACS, MI, AAI, b. 88, Lettera di Lodovico Monti al Cardinale Valerio Valeri, prefetto della Congregazione dei Religiosi, datata 30 maggio 1956.

Il 10 aprile 1956 ci fu un incontro tra Don Valentini, salesiano, incaricato dal Cardinale Valeri, Prefetto della Sacra Congregazione dei Religiosi e da Larraona, e Cigliana, Segretario particolare di Lodovico Montini.

Di tale incontro esiste un resoconto redatto dallo stesso Cigliana, indirizzato in forma riservata al Presidente Montini.

> Pro-memoria riservato per l'on. Presidente.
> Ho ricevuto questa mattina la visita di Don Valentini (dei salesiani) persona a me assai favorevolmente nota per molti precedenti contatti.
> Don Valentini si è detto espressamente incaricato di questo contatto (che fa seguito ad altro dello stesso Valentini avuto con il Ministero Interni) da parte del Cardinale Valeri e da Padre Larraona della Sacra Congregazione dei Religiosi.
> In sostanza Don Valentini voleva informare l'AAI di una iniziativa da tempo in corso da parte della Sacra Congregazione dei Religiosi per la costituzione di una Federazione Italiana degli Enti Assistenziali Religiosi. L'iniziativa dovrebbe avere una sua prima realizzazione nel settore femminile (suore) ma tenderebbe a radunare in un unico responsabile organismo (da erigersi successivamente in ente morale) tutti gli enti e gli istituti di assistenza che fanno capo a ordini religiosi.
> La POA vedrebbe quindi limitata la propria sfera di influenza esclusivamente alle opere di assistenza che fanno capo al clero secolare.
> La nuova Federazione (per essere organismo italiano e non vaticano) vorrebbe darsi una struttura periferica su base provinciale, onde facilitare i rapporti con tutti gli altri organismi pubblici e privati.
> Evidentemente gli enti ed istituti assistenziali facenti capo ad ordini religiosi verrebbero con il tempo a ritrarsi dalle forme di collaborazione oggi in atto vuoi con diverse organizzazioni religiose (POA) vuoi con organizzazioni laiche sia pure di ispirazione decisamente cattolica (CIF, UNEBA, ecc.) […]
> Don Valentini ha detto che la Sacra Congregazione dei Religiosi ha deciso questo suo nuovo atteggiamento non solo nel convincimento di fare cosa utile all'organizzazione assistenziale, ma anche per le gravi difficoltà di ordine morale e religioso che gli ordini religiosi incontrano a collaborare sia con la POA sia con organizzazioni laiche (sia pure cattoliche).
> Roma 10 aprile 1956
>
> dr. Giorgio Cigliana.[16]

16. ACS, MI, AAI, b. 88, Promemoria riservato per l'on. Montini, 10 aprile 1956, firmato dr. Giorgio Cigliana. Sottolineato del testo.

L'incontro fu molto franco, l'incaricato della Sacra Congregazione dei religiosi spiegava al segretario di Montini i termini della questione. Il progetto di una riorganizzazione e di una federazione delle varie congregazioni religiose – la Federazione Italiana Religiose dell'Assistenza Sociale che poi nel 1959 divenne Ente Morale – non rispondeva solo al «convincimento di fare cosa utile all'organizzazione assistenziale», e questo non era certo un aspetto di poco conto. C'era un altro aspetto, delicato, che venne posto in evidenza durante l'incontro, ed era il rapporto con le altre organizzazioni cattoliche, religiose o laiche che fossero. Tale rapporto si doveva modificare sottraendo gli ordini religiosi dalla "sfera di influenza" degli altri organismi attivi, anche cattolici, in campo assistenziale: «gli enti ed istituti assistenziali facenti capo ad ordini religiosi verrebbero con il tempo a ritrarsi dalle forme di collaborazione oggi in atto vuoi con diverse organizzazioni religiose (Poa) vuoi con organizzazioni laiche sia pure di ispirazione decisamente cattolica (Cif, Uneba, ecc.)».

Dopo l'incontro arriva alla Presidenza dell'Aai la lettera ufficiale della Sacra Congregazione dei religiosi che esponeva lo stesso progetto, lasciando sottintesa, ovviamente, la posizione della Sacra Congregazione «sia con la POA sia con organizzazioni laiche (sia pure cattoliche)» esplicitata a voce da Don Valentini nell'incontro con Cigliana.

La riposta di Lodovico Montini, datata 5 maggio, inviata al prefetto Card. Valerio Valeri, non lascia sottintesa la piena collaborazione dell'Aai, e la sua personale, per un progetto del genere. E uno dei punti messi subito in evidenza riguarda proprio la Scuola di Servizio Sociale per Religiose.

«Mi sia lecito frattanto dire – scrive Montini – che l'Amministrazione per le Attività Assistenziali e Internazionali (e tanto più ciò vale per la mia modesta persona) vede con soddisfazione una iniziativa che è di per sé stessa una indice di primissima importanza per il campo assistenziale e che lascia intravedere nuove e copiose affermazioni per un ordinamento delle attività assistenziali del nostro paese. [...] Ogni collaborazione pertanto, che possa essere attuata in questo senso, troverà in questa Amministrazione piena consapevolezza e prontezza». La riposta non poteva essere più esplicita.

Era il caso di porre subito sul tappeto la questione della Scuola? Nelle note tra Montini e la sua segreteria venne vagliata l'opportunità di lasciare questa prima lettera di riposta interlocutoria senza trattare alcun punto specifico. Montini decise, invece, di affrontare l'argomento: «Desidero poi aggiungere – continua il Presidente – che il mio pensiero è subito corso ad alcuni quesiti di carattere particolare [...] quale quello della Scuola di Servizio Sociale per Religiose, Scuola che l'Aai ha aiutato al suo sorgere, ma che avrebbe attualmente bisogno di una considerazione affatto speciale».[17]

Sta di fatto che da quel momento in poi il fascicolo conservato presso l'archivio Aai segnala una collaborazione attiva tra l'Aai, e in particolare Lodovico Montini, e la Scuola. Nel dicembre del 1958 Montini riceve il ringraziamento per aver «accettato di fare parte del Comitato direttivo della Scuola Nazionale di Servizio Sociale per Religiose».[18] Numerosi poi sono gli inviti a partecipare ad incontri, convegni, seminari. Molino, collaboratore di Lodovico Montini, non di rado partecipò per l'Aai, come relatore alle giornate organizzate dal Firas di aggiornamento.

In un certo senso questa collaborazione tra l'Aai e la Scuola per Religiose, che emerge dai documenti di archivio, pone più interrogativi di quanti non ne risolva. Se è vero che tra l'Aai di Montini, Amministrazione espressione del Governo italiano, e la Pontificia Opera di Assistenza di mons. Baldelli esisteva un antagonismo storico nato nel periodo della ricostruzione è interessante notare come però questa dialettica fosse presente anche all'interno al mondo ecclesiale.

La Sacra Congregazione dei Religiosi nel suo ricollocarsi nel contesto assistenziale italiano, non esitò a cercare sponde sul versante del governo italiano, Ministro dell'Interno e Aai, al fine di sottrarsi ad un'influenza non più sostenibile «anche per le *gravi difficoltà di ordine morale e religioso* che gli ordini religiosi incontrano a collaborare sia con la POA sia con organizzazioni laiche (sia pure cattoliche)» Non è dato conoscere la natura di tali «gravi difficoltà», certo il segretario Arcadio Larraona, poi futuro Cardinale della Curia romana, all'interno delle varie anime del Vaticano non esprimeva quella più "aperta" al cambiamento. Questa "collaborazione" con il governo italiano e in particolare con l'Aai, – il cui Presidente, Montini, era fratello dell'Arcivescovo di Milano e futuro Papa, figura invisa a quella parte della curia romana di Arcadio Larraona faceva parte – ripropone, al di là degli schematismi, una serie di interrogativi.[19]

17. Ivi, lettera di Lodovico Montini al Cardinale Valerio Valeri, prefetto della Congregazione dei Religiosi, datata 30 maggio 1956.

18. Ivi, lettera di Suor Aldina Tari, indirizzata all'on. Lodovico Montini, datata 11 dicembre 1958.

19. Sul ruolo che Arcadio Larraona ebbe durante il Concilio Vaticano II vedi Aa. Vv., *Storia del Concilio Vaticano Secondo,* 1, il Mulino, Bologna 1995, e 2, Bologna 1996. Su Arcadio Larraona vedi anche Riccardi, *Il potere del Papa*.

La scuola Nazionale per Religiose continuò il suo percorso seguendo lo sviluppo delle altre scuole nei programmi e nelle scelte didattiche in merito alle materie professionali. Dopo Odile Vallin si succedettero altre direttrici.

Nel 1961 la Sacra Congregazione dei Religiosi decise l'elevazione della Scuola al rango di "Scuola Superiore": anche questa decisione testimonia l'attenzione con la quale questa esperienza formativa fosse considerata, come tassello di rilievo nel più generale mosaico della attività assistenziale della Chiesa Cattolica italiana.

8. Il servizio sociale alla prova dei fatti. L'ingresso degli assistenti sociali negli enti assistenziali (1946-1960)

Milena Lerma tra le prime assistenti sociali diplomate alla Scuola Pratica di Milano dopo la fine della guerra racconta: «Ho svolto la mia prima attività professionale (1948/1949) come Assistente sociale di fabbrica presso la Società Manifatture del Seveso di Cusano Milanino e di Bollate, il cui imprenditore era presidente dell'Unione cristiana imprenditori e dirigenti (U.C.I.D.)».[1] Come lei tanti altri assistenti sociali hanno iniziato la loro attività professionale nel mondo di fabbrica. Una storica ricerca di Martinelli ci informa che nel 1960 ben un terzo degli assistenti sociali diplomati lavorava nel settore delle aziende industriali.[2] Del resto, la scuola del Celio aveva avuto negli anni del suo funzionamento questo unico obbiettivo e l'Unione industriali l'aveva voluta con questo scopo.

L'ingresso delle prime generazioni di assistenti sociali diplomati dalle scuole di servizio sociale nel mondo dell'assistenza nei primi decenni dopo la seconda guerra mondiale non fu immediato e nemmeno indolore.[3] Le

1. Dattiloscritto di Milena Lerma inviato all'autrice in data 7 dicembre 2003: *Note sulla formazione e sull'attività degli assistenti sociali nel secondo dopoguerra. Qualche ricordo di una delle prime diplomate della scuola pratica di assistenza sociale di Milano.*

2. Martinelli, *Gli assistenti sociali nella società italiana*. Sull'argomento vedi Nicoletta Stradi, *Per una storia del servizio sociale di fabbrica in Italia*, in «La rivista di Servizio Sociale - Istisss», 4 (2001).

3. Martinelli, *Gli assistenti sociali nella società italiana*; Franco Ferrarotti, *Servizio sociale e enti pubblici nella società italiana in trasformazione,* Armando, Roma 1965; Aurelia Florea, Mario Cocchi, Mario Corsini, *Campi di applicazione e funzioni del servizio sociale: sue prospettive,* in «Quaderni de La rivista di Servizio Sociale», 3 (s.d.); Aurelia Florea, *L'assistente sociale: analisi di una professione,* Istisss, Roma 1966; Enrico Appetecchia (a cura di), *Servizio Sociale e ricerca dal 1945 al 1970. La ricerca degli assistenti sociali negli enti nazionali di intervento sociale e nei progetti di sviluppo comunitario. IV*

prime generazioni sperimentarono sulla loro pelle la fatica di entrare in meccanismi burocratici e in strutture caratterizzate da un certo conservatorismo e resistenti al cambiamento.

Del resto nelle piante organiche degli Enti assistenziali, locali o nazionali la figura dell'assistente sociale non era prevista. Nella relazione del 1950 del Comitato Italiano di Servizio Sociale presieduto da Gino Bergami predisposta per la conferenza Internazionale di Parigi dello stesso anno la situazione era così sintetizzata: «Non vi sono posti riservati esclusivamente ad assistenti sociali, mentre vi sono posti riservati ad assistenti sanitarie visitatrici (professione riconosciuta per legge). Fino ad oggi i posti riservati di preferenza agli assistenti sociali sono soltanto quelli di assistenti sociali di fabbrica e quelli di assistenti sociali per i minorenni traviati o in pericolo morale».

Sempre nella stessa relazione del Ciss è descritta una situazione addirittura «compromessa» e caratterizzata da «una grande incomprensione»:

> Attualmente l'indipendenza morale e tecnica degli assistenti sociali, in Italia, deve considerarsi compromessa inconsapevolmente e involontariamente dall'ambiente nel quale essi tuttora devono operare, ambiente che dimostra ancora una grande incomprensione del ruolo spettante agli assistenti sociali e dei risultati conseguibili attraverso i loro interventi.[4]

Da dove nascevano queste incomprensioni profonde? Un primo elemento da considerare è che gli Enti di Assistenza in Italia nascono si sviluppano e, quindi, si strutturano prima che le prime assistenti sociali formate siano formate dalle scuole, e prima che la figura dell'assistente sociale si affermi nel nostro paese. Franco Ferrarotti nel 1965 scriveva: «I dati confermano una caratteristica singolare del processo di sviluppo della professione di assistente sociale: esso ha avuto luogo essenzialmente al di fuori di quegli enti che dovevano essere principalmente interessati all'utilizzazione sistematica del servizio sociale».[5]

Incontro di studio Sostoss, Aracne, Roma 2008; Torri, *Organi ed enti di assistenza pubblica e privata*.

4. Relazioni al V Conferenza Internazionale di Servizio sociale – a cura del Ciss, in Assistenza d'Oggi Rassegna di problemi dell'assistenza a cura dell'Amministrazione Aiuti Internazionali N. 3 1950 Lo stato attuale del servizio sociale in Italia e i suoi orientamenti futuro, p. 27.

5. Ferrarotti, *Servizio sociale e enti pubblici*, p. 11.

Le prime assistenti sociali, anche quelle uscite dalla scuola di San Gregorio al Celio del Partito nazionale fascista che iniziò i suoi corsi nel 1928, operavano solo nel mondo delle fabbriche o in quello delle migrazioni. Ed è vero che anche se un ente pubblico nazionale, come l'Opera Nazionale Maternità e infanzia, prevedeva in organico la figura dell'assistente sociale fin dalla sua fondazione nel 1925, è solo nel 1952 che fu assunta la prima assistente sociale. Nel 1958 ci fu il primo concorso interno e bisogna arrivare al 1959, ben 29 anni dopo la fondazione dell'Ente, perché venga bandito il primo concorso pubblico.[6]

La situazione degli Enti di Assistenza nel secondo dopoguerra è la stessa della Pubblica amministrazione in generale. A questo riguardo è noto l'ampio dibattito storiografico circa l'epurazione all'interno della pubblica amministrazione delle persone coinvolte attivamente con il regime, o più esattamente della mancata epurazione. La burocrazia fascista resistette nell'Italia repubblicana con le sue nefaste conseguenze. Ginsborg afferma a riguardo: «negli anni dal 1945 al 1947 nessuno degli apparati dello stato fu messo in discussione e non si fece alcun tentativo per rinnovare l'amministrazione centrale a Roma, grandemente dilatatasi sotto Mussolini. Nessuno degli enti speciali semi – indipendenti creati dal fascismo per intervenire nel campo dell'assistenza sociale o dell'economia fu sottoposto a una critica seria».[7]

In Italia operavano una quantità innumerevole di enti assistenziali pubblici e privati, che rappresentavano le sensibilità più diverse e molti dei quali erano sorti durante il fascismo. L'Amministrazione per gli Aiuti Internazionali, nel 1953, ne fece un censimento curato da Vittorio Torri. Il numero era impressionante: ben 23.000 enti sparsi in tutto il territorio nazionale.[8]

Anche la Commissione Parlamentare di inchiesta sulla miseria del 1953 operò una rilevazione approfondita degli Enti assistenziali allora esistenti.[9] Ne era emerso un quadro desolante. Scrive Parisella:

6. Dato riportato da Franco Ferrarotti, in *Atti della tavola rotonda su Servizio sociale ed Enti Pubblici nella società italiana in trasformazione*, Amministrazione Provinciale di Milano, Milano 1964, p. 11.

7. Si rimanda all'ampia bibliografia sull'argomento. Vedi tra l'altro Ginsborg, *Storia d'Italia dal dopoguerra a oggi*, p. 120.

8. Torri, *Organi ed enti di assistenza pubblica e privata.*

9. Camera dei Deputati, Atti della Commissione parlamentare di inchiesta sulla miseria in Italia e sui mezzi per combatterla, I-XIV, 1953.

l'inchiesta parlamentare sulla miseria in Italia aveva fatto emergere l'enormità dei problemi tuttora presenti nel paese ed aveva messo in luce le inefficienze e l'inadeguatezza del sistema vigente, che tra l'altro, disperdeva ingenti risorse interne e consistenti aiuti esteri – soprattutto americani – attraverso mille rivoli costituiti da una congerie di enti ed organi pubblici e privati, laici e religiosi sorti per occuparsi dei settori più disparati e talora attenti più a giustificare la propria esistenza che a svolgere un fine socialmente utile.[10]

Franco Demarchi così impostava la questione:

Tra i fenomeni che testimoniano l'evoluzione dell'amministrazione pubblica verso ordinamenti più aderenti ai principi democratici e alle moderne indicazioni tecnologiche, uno dei più sintomatici è l'introduzione del servizio sociale nelle amministrazioni locali. [...] Il servizio sociale nelle amministrazioni pubbliche è [...] un sintomatico indizio dell'evoluzione degli ordinamenti amministrativi nel nostro tempo [...] [quindi] l'importanza del servizio sociale per avvicinare gli uffici burocratici al pubblico e per rendere l'amministrazione sempre più adatta agli ideali e ai postulati dei regimi democratici.[11]

Franco Ferrarotti, nel 1965, in un studio, esso stesso storico, fotografa la situazione degli assistenti sociali nella società italiana nel 1960. Prima di tutto offre un quadro al 1960 dell'inserimento delle assistenti sociali ordinati secondo l'anno di inizio attività. La fotografia scattata da Ferrarotti è estremamente interessante e indica anche il perché di questo "difficile" inserimento.

Franco Martinelli nel 1965 nel suo volume sugli assistenti sociali nella società italiana riporta dati complessivi di due ricerche degli anni '60, riconoscendo in premessa la difficoltà di effettuare un censimento esatto, non essendosi ancora costituto l'albo professionale. Albo che del resto vedremo costituito solo diversi decenni più tardi. Franco Martinelli, quindi riporta una stima di 1.000 assistenti sociali nel 1960. Di questi ben un terzo risultano essere inserite a vario titolo nel mondo delle fabbriche

Una importante l'inchiesta fu svolta nel 1960 sulla situazione del servizio sociale nei 6 paesi della Comunità Economica Europea ed elaborata dal Comitato Italiano di Servizio Sociale. Una seconda rilevazione fu promossa dalla Associazione Nazionale assistenti sociali (ANAS).

10. Parisella, *Mondo cattolico e Democrazia cristiana*, p. 154.

11. Franco Demarchi, *Prefazione* a Federica Garzonio Dell'Orto, *L'inserimento del servizio sociale negli enti locali, una indagine sociologica*, Giuffrè, Milano 1965 (Quaderni dell'Istituto per la scienza dell'amministrazione pubblica), pp. VII-VIII.

Ente	Figura giuridica	Estensione territoriale	Professionisti al 1960	Anno di inserimento del servizio sociale e brevi cenni storici
O.N.A.R.M.O.	Privato	Nazionale	619 (1013) aiuto assistenti sociali	Con l'apertura della Scuola di servizio sociale a Roma (1945) è iniziato ufficialmente; molto prima però si erano avuti degli esperimenti ed opere di Mons. Baldelli e della dottoressa Delmati
Comitato amministrativo soccorso ai senzatetto (UNRRA-CASAS)	Pubblico	Nazionale	92	1946
Associazioni cattoliche Lavoratori Italiani (A.C.L.I.)	Privato	Nazionale	20	1946-1947 (insieme alla fondazione del Patronato A.C.L.I.)
Ministero di Grazia e Giustizia	Pubblico	Nazionale	220	Nel 1948 è stata divulgata una circolare interna che prevedeva la assunzione di Ass. Soc.; nel 1949 è iniziato il primo esperimento; nel 1956 è ufficialmente inserito il servizio sociale
E.N.P.M.F.	Pubblico	Nazionale	163	1950
Ente Maremma Tosco-Laziale	Pubblico	Lazio-Toscana	12	1952-53
Ente Gestione servizio sociale per lavoratori (INA-CASA)	Privato	Nazionale	250	Nel 1953 è iniziato il servizio sociale con la assunzione di personale con borse di studio. Nel 1954 ci sono state assunzioni in ruolo di assistenti sociali
I.N.A.I.L.	Pubblico	Nazionale	100	Nel 1937 è entrata in vigore la legge che prevedeva l'assistenza morale e materiale ai grandi invalidi; man mano l'assistenza si è perfezionata e ci sono state le prime assunzioni di assistenti sociali attorno al 1953

Ente	Figura giuridica	Estensione territoriale	Professionisti al 1960	Anno di inserimento del servizio sociale e brevi cenni storici
Serv. sociale internazionale (Sez. C.R.I.)	Pubblico	Nazionale	9 (2 senza qualificazione)	La prima assistente sociale è stata assunta nel 1959 ma già nel 1932 veniva realizzato si faceva del servizio sociale
O.N.M.I.	Pubblico	Nazionale (provinciale e comunale)	140 (comprensive anche di assistenti sanitarie, in quanto comprese nello stesso organico)	Il servizio sociale è previsto sin dal 1925; nel 1952 è stata assunta la prima assistente sociale; nel 1958 c'è stato il I concorso interno e nel 1959 il I concorso pubblico
S.E.L.C.U.A.	Pubblico	Nazionale	56	1955
I.N.P.S.	Pubblico	Nazionale	25	Nel 1955 sono state assunte delle assistenti sociali con borse di studio. Nel 1962 ci sono state assunzioni regolari
Ministero degli Affari esteri	Pubblico	Nazionale	55	Nel 1956 è stato istituito in ruolo degli assistenti sociali di bordo per l'assistenza agli emigranti nel periodo del viaggio di espatrio e rimpatrio. Ora sono stati assunti assistenti sociali anche presso i consolati
Segretariato nazionale della gioventù	Privato	Nazionale	7	1956
E.N.A.O.L.I.	Pubblico	Nazionale	155	Nel 1956 iniziò ad operare un primo gruppo di assistenti sociali. Nel 1959 il servizio sociale fu esteso a tutti i centri provinciali
O.N.I.G.	Pubblico	Nazionale	30	1957
Fronte della famiglia	Privato		8	1958
Ministero della Pubblica istruzione	Pubblico	Nazionale	50	Nel 1959, con provvedimento interno, è stato deliberato di inserire gli assistenti sociali, precedentemente distaccati da una scuola di servizio sociale.
E.N.P.I.	Pubblico	Nazionale	15	1960-1961

Fonte: Ferrarotti, in *Atti della tavola rotonda su servizio sociale ed enti pubblici nella società italiana in trasformazione*. Amministrazione Provinciale di Milano, 1964, pp. 10-12.

Secondo l'inchiesta della Comunità Economica Europea, risultavano operanti nel 1960 in Italia 3208 assistenti sociali, distribuiti in 38 raggruppamenti di enti e associazioni, mentre la rilevazione della ANAS rileva il numero di 2276 assistenti sociali in attività. Secondo questa seconda rilevazione il numero rilevato rappresentava non più del 70% dei professionisti totali. Quindi, gli assistenti sociali inseriti nel mondo del lavoro in Italia all'inizio degli anni '60 sarebbero stati complessivamente circa 4000. Mentre il numero degli assistenti sociali diplomati circa 5000.[12]

La realtà della professione, a netta prevalenza femminile, era tutt'altro che omogenea. Notevole, infatti, era la differenza di preparazione e anche quella di istruzione scolastica di base. Accanto ad un piccolo numero di assistenti sociali privi del titolo di studio di scuola media superiore c'erano molti assistenti sociali con il diploma magistrale, altri diplomi tecnici.[13] Nelle regioni meridionali era relativamente elevata la proporzione di allieve che avevano diplomi di maturità classica. Allievi assistenti sociali in possesso della laurea non erano una rarità nei primi anni del dopoguerra.

Gli studi degli anni '60 riportano dati abbastanza precisi circa la distribuzione per settori di impiego degli assistenti sociali.

12. Martinelli, *Gli assistenti sociali nella società italiana*. «D'altra parte lo studio predisposto dalla AAI per conto della CEE dava tali risultati riferiti al 1960: allievi diplomati da 46 scuole su 55 fino all'anno scolastico 1957-1958, 4200, ai quali dovevano aggiungersi 970 allievi di terzo anno, 1049 allievi di secondo anno e 1115 allievi di primo anno frequentanti nell'anno scolastico 1957-1958. Aggiungeva la Relazione che – "tenendo conto dei diplomati dell'anno scolastico 1957-1958, per i quali non si hanno dati, e della mancanza di dati relativi a nove scuole" – peraltro di più recente istituzione e in conseguenza con scarso numero di diplomati – si *poteva* affermare che attualmente il numero degli assistenti sociali diplomati nel dopoguerra superava le 5 mila unità. Se questa valutazione è riferibile al 1960, attualmente a distanza di altri quattro anni, dovremmo aggiungere per stima un altro migliaio di assistenti sociali diplomati, con un calcolo prudenziale che attribuisca ciascuno delle 55 scuole, tra quelle assistite e non assistite, un gettito di circa 200 allievi diplomati negli anni scolastici dal 1960-1961 al 1963-1964. I seimila assistenti sociali diplomati sono provenienti da vecchie scuole con corso annuale, come la scuola ONARMO di San Gregorio al Celio nei primi due anni, da scuole con corsi biennali, come furono tutte le scuole sorte nel dopoguerra fino al 1954-1955 o 1955-1956 e come sono ancora alcune delle numerose scuole non assistite dal programma AAI, e da scuole concorso triennale, come sono dal 1955 le 29 scuole assistite dal programma AAI ed alcune delle scuole non assistite» (p. 106).

13. Nei primi anni del dopoguerra alcune scuole, anche tra le più qualificate ammettevano allievi sforniti del titolo di studio, purché superassero uno speciale esame di preparazione culturale fatto dalla scuola. Anche in anni successivi anche altre scuole meno qualificate continuarono ad ammettere allievi senza titolo superiore.

Delle circa 3000 assistenti sociali censite, circa 1000 assistenti sociali erano impiegate nel settore delle aziende industriali, infatti, il servizio sociale risultava inserito stabilmente alla Fiat, sezione previdenza e assistenza, alla società Montecatini, alla società Falk, alla società Shell. In molte altre aziende, invece, l'inserimento di assistenti sociali avveniva attraverso l'Istituto per l'assistenza di fabbrica di Milano e provincia, oppure tramite il segretariato sociale dell'Unione cattolica imprenditori dirigenti Ucid operante in diverse città, o del Segretariato per l'assistenza sociale di fabbrica di Bologna, o per tramite di appositi uffici organizzati dalle associazioni territoriali degli industriali aderenti alla Confindustria Torino, Firenze Napoli, o infine grazie all'Onarmo.

Solo l'Onarmo, infatti, con la sua organizzazione nazionale nei servizi sociali di fabbrica e in altri luoghi, impiegava ben 619 assistenti sociali. Un consistente gruppo di assistenti sociali era impiegato presso il Ministero di grazia e giustizia, alla Direzione Generale degli istituti di prevenzione e pena. Si trattava di ben 220 assistenti sociali dislocati presso 24 Corti di appello, la cui attività era stata una delle prime iniziative valide ad essere attuata nel dopoguerra. Il servizio sociale professionale era inoltre inserito presso il Ministero Affari Esteri, alla direzione generale dei servizi tecnici per l'emigrazione, con 55 elementi a bordo di navi e presso consolati, e ancora presso il Ministero della Pubblica istruzione, alla Direzione Generale per l'istruzione elementare, con 50 addetti al ispettorato centrale di Roma. Tra gli enti pubblici è da segnalare l'Ente Nazionale Assistenza Orfani Lavoratori Italiani (Enaoli) che aveva inserito 155 assistenti sociali nelle 90 sedi provinciali.

In maggioranza questi assistenti svolgevano attività di servizio sociale individuale Case Work, mentre gli operatori dell'Unrra Casas, degli Istituti Autonomi case popolari, e di altri enti invece utilizzavano prevalentemente le tecniche di group work e di sviluppo di comunità. Tra gli enti privati, oltre all' Onarmo, l'Ente gestione servizio sociale case per i lavoratori (Egss), che poi prese il nome di Istituto servizio sociale case per lavoratori impiegava in 157 centri sociali nei complessi edilizi dell'Ina Casa, ben 250 assistenti sociali. Inoltre circa 200 assistenti sociali furono impiegati nelle scuole di servizio sociale con funzione di docenti di materie professionali e di monitori, e altri piccoli gruppi furono inseriti presso enti locali: 53 assistenti presso amministrazioni provinciali, 26 presso amministrazioni comunali, 25 presso enti comunali di assistenza, 20 assistenti presso i patronati delle associazioni cristiane lavoratori italiani Acli, 14 presso il Centro Italiano Femminile, 21 infine all'Assessorato della previdenza e assistenza sociale della regione Trentino Alto Adige.

Dalla rilevazione effettuata dall'Anas e riferita al periodo ottobre 1961 marzo 1962 si apprendono altre notizie interessanti. L'indagine conferma che la professione era costituita prevalentemente da donne, 1821 rispetto a 224 uomini censiti, nella proporzione di 9 a 1, e conferma anche che la professione è esercitata da donne giovani.

Un ulteriore dato riguardava le retribuzioni degli assistenti sociali: il 75% degli assistenti infatti avrebbe percepito retribuzioni dalle 40 mila alle 70 mila lire, il 14% da 70 mila a 90 mila, mentre il 5 percento percepiva retribuzioni superiori alle 90 mila lire, ma il 6% avrebbe ricevuto retribuzioni inferiori alle 40.000 lire al mese.[14]

Negli anni '60 troviamo un dibattito alquanto intenso proprio a proposito dell'ingresso degli assistenti sociali negli Enti Assistenziali.

Ricerche, analisi storiche, convegni sono numerosi in quegli anni: accanto ai dati fornivano anche chiavi di lettura, cercando di individuare il perché di un inserimento tanto faticoso.[15] Non pochi sono i contributi di quegli anni che provano a fare un bilancio dei 15 anni trascorsi e la parola "crisi" è utilizzata spesso.[16]

Franco Ferrarotti in una tavola rotonda organizzata a Milano il 3 luglio 1964 presentava un'analisi accurata della situazione, riportando i dati allora disponibili della presenza degli assistenti sociali negli Enti assistenziali nei primi 15 anni.[17] Ma con la sua articolata relazione Ferrarotti aveva

14. Martinelli, *Gli assistenti sociali nella società italiana*, pp. 103 e ss.

15. *Ibidem*; Ferrarotti, *Servizio sociale e enti pubblici*. Garzonio Dell'Orto, *L'inserimento del servizio sociale*; *Il servizio sociale nell'Ente Pubblico*, a cura dell'Assessorato assistenza del comune di Bergamo, Stamperie Conti, Bergamo 1958.

16. Vedi tra l'altro: Paolo Chilanti, *Osservazioni in merito alla crisi del Servizio sociale*, in «La previdenza sociale in Agricoltura», XII/4-5 (1961); J. de Menasce, *Crisi del servizio sociale*, in «Ragazzi d'Oggi», XI/1 (1961); Elda Fiorentino, *Alcune riflessioni sulla crisi del servizio sociale oggi*, in «Ragazzi d'Oggi», XII/1 (1961); *Problemi strutturali del servizio sociale nella situazione italiana di squilibrio tra risorse e bisogni*, Atti del Convegno Ciss, 26-29 giugno 1958, in «Bollettino Ciss», 3 (1958); Vittorio Torri, *La crisi del Servizio sociale*, in «Assistenza d'Oggi», XIII/1 (1962); *Problemi posti dall'inserimento degli assistenti sociali negli enti assistenziali*, E.N.S.I.S.S., dattiloscritto della Scuola italiana di Servizio sociale di Roma, senza data (probabilmente fine anni '50) e con firma non leggibile (probabilmente de Menasce).

17. *Atti della tavola rotonda sul servizio sociale ed enti pubblici e la società italiana in trasformazione*, Milano, Palazzo Isimbardi, 3 luglio 1964, Amministrazione Provinciale di Milano - Centro Nazionale di prevenzione e difesa sociale, Milano 1964.

l'obiettivo di individuare i problemi che erano alla base delle difficoltà che il servizio sociale incontrava nel proprio inserimento nella routine e amministrativa degli enti. Questa figura professionale doveva confrontarsi con una realtà burocratica cristallizzata, fortemente gerarchizzata e autoreferenziale.

Le difficoltà di allora le ritroviamo tutt'ora, e – con grande fatica – solo recentemente sono entrate nel dibattito legislativo nella regolamentazione legislativa del rapporto tra cittadini (non più sudditi) e la Pubblica Amministrazione. A quel tempo tutto questo era una grande novità tanto da apparire una fastidiosa fuga in avanti.

Quelle analizzate da Franco Ferrarotti non erano difficoltà di poco conto: linguaggi, metodi e persino le finalità erano differenti e sembravano provenire da due mondi estranei tra loro a volte addirittura contrapposti.

La prima di queste difficoltà era individuata nella *questione tempo*. Spiegava Ferrarotti: «I casi non diventano mai per l'assistente sociale delle pratiche da sbrigare». E di conseguenza c'era l'esigenza di un tempo adeguato per parlare con gli assistiti, ad esempio, «almeno due o tre volte». Il colloquio infatti, a differenza di quello burocratico, non era solo uno *scambio di informazioni*, ma anche un modo di comunicare, «a volte anche a livello abbastanza profondo». E poi l'assistente sociale aveva l'esigenza di dover «osservare l'assistito nel suo ambiente» attraverso le visite domiciliari. Bisognava poi tener memoria dei dati essenziali del suo rapporto con le persone anche se in forma estremamente concisa perché: «la registrazione è strumento di autocontrollo professionale». Supervisione, colloqui, osservazione, visite domiciliari, registrazione sono elencati tra gli strumenti di lavoro irrinunciabili dell'assistente sociale. Così non era per quegli enti che si erano organizzati in maniera standardizzata su misura delle esigenze dell'Ente stesso e certo a misura – come si diceva allora – dell'assistito, visto come oggetto passivo dell'assistenza e non come soggetto, protagonista della sua emancipazione, miglioramento e benessere sociale. Troviamo citati nel dettaglio da Ferrarotti molti casi di bambini, di anziani, di famiglie in difficoltà nei quali si può individuare esattamente il punto di collisione tra il modo di concepire l'assistenza da parte degli assistenti sociali e quello, invece, degli Enti nei quali lavoravano. Per esempio, l'inserimento in massa di minori negli istituti educativo-assistenziali.

Un secondo punto dolente è quello relativo alla *questione della responsabilità professionale dell'assistente sociale*. Gli assistenti sociali rivendicavano la possibilità di esercitare il proprio ruolo con «un minimo di autonomia». Era questa una richiesta assai difficile da accettare per realtà amministrative fortemente burocratizzate e gerarchizzate. Si pensi alla richiesta di avere l'autonomia di firma: che riguardava «per esempio, la possibilità di firmare personalmente lettere dirette gli assistiti o ad altri enti», oppure i problemi legati al segreto professionale. Gli assistenti sociali inoltre rivendicavano «la possibilità di non essere vincolati a orari di ufficio quando si dovessero fare visite domiciliari o prendere contatto con altri organismi». E poi, elemento ancora più confliggente, la richiesta di una libertà su aspetti più sostanziali «come la possibilità di proporre nuovi programmi e nuove soluzioni agli Enti di appartenenza». Il rapporto con gli assistiti, poi, si basava sul rispetto del loro «diritto di essere informati abbastanza a fondo della politica svolta dall'Ente» anche per poterla modificare se necessario. «Se l'assistente sociale deve far da tramite tra le istituzioni e i cittadini – spiega Ferrarotti – non può essere esecutore amministrativo di una politica che non abbia contribuito a determinare in base anche alla sua conoscenza minuta e capillare dei problemi e dei tipi di assistiti che incontra». Insomma un rapporto paritario e non subalterno tra l'Ente e l'assistito.

Un terzo nodo riguardava *la questione del controllo dell'azione svolta*. Il punto di vista degli enti e del servizio sociale a questo riguardo partiva da estremi opposti. Gli Enti valutavano secondo parametri quantitativi, il servizio sociale qualitativi. Agli Enti interessava verificare quanto era stato speso, quante persone erano state assistite, quante attrezzature utilizzate, quanto personale assunto, e così via. E in tutto questo – osservava Ferrarotti – gli Enti tendevano «ad avere sempre più clienti da assistere, sempre più denaro da spendere, sempre più programmi da svolgere. Dato che in questo campo davvero il numero è potenza e questo è il modo per l'Ente di aumentare la sua influenza». Opposto l'obiettivo del Servizio sociale secondo il quale «l'azione assistenziale ha successo quando rende autonomi l'individuo, i gruppi e le comunità, la sua attività e per così dire una forma di assistenza tecnica» cioè si cerca di suscitare l'energia nelle persone e nelle strutture, anche se necessario con aiuti dall'esterno, e tende a scomparire via via che le persone, come la collettività diventano capaci di raggiungere da sole il benessere che la loro situazione sociale sembra richiedere. «Il servizio sociale tende a liquidare e non a salvare i programmi, a chiudere casi e non a mantenere gli assistiti in stato di dipendenza cronica dall'Ente con uno sgocciolio di aiuti spiccioli in nome di una giustizia amministrativa che diventa ingiustizia per tutti».

Come superare questa che a tutti gli effetti appariva come una vera e propria incompatibilità? La soluzione, secondo Ferrarotti, non era impossibile da trovare. Il ragionamento è fin troppo ovvio: il fine ultimo del servizio sociale e quello degli Enti è il medesimo: il benessere delle persone. «Basterebbe spostare l'attenzione su quello che è il punto focale dell'azione assistenziale, il benessere sociale. Visto però da punto di vista degli assistiti e non degli enti».

Tutt'altro che facile: una vera rivoluzione in campo amministrativo, è lo stesso Ferrarotti a chiarirlo. Ciò urta contro le procedure che ne regolano la vita economica [degli Enti Amministrativi], per cui ad esempio vengono acquistati in anticipo viveri che poi bisogna distribuire, costruiti istituti che poi bisogna riempire, urta contro la mancanza di personale specializzato a condurre queste ricerche, urta contro il costo di uffici studi del genere. Urta soprattutto contro una diffusa mentalità per cui nessun programma assistenziale può essere realmente inutile dannoso, visto che le premesse da cui parte sono sempre buone in linea di principio, non occorre verificare risultati del resto gli "assistiti" perdono importanza per gli enti dopo che è stato effettuato l'intervento. Queste secondo Ferrarotti le ragioni del difficile rapporto tra assistenti sociali ed Enti.

Non tutti erano d'accordo con questa lettura data. Nello stesso convegno prendeva la parola anche Riccardo Bauer, Presidente della Società Umanitaria di Milano. I motivi di questa faticosa integrazione, secondo Bauer, andavano ricercati da tutt'altra parte e proprio in quelle origini pioneristiche, *garibaldine* del servizio sociale italiano dei primi anni del secondo dopoguerra.[18] È una pagina molto interessante. Il problema non era modernizzare l'assistenza «per rendere la pubblica amministrazione sempre più adatta agli ideali e ai postulati dei regimi democratici» come affermava Demarchi. Il periodo della «rivoluzione» pure utile era finito ed era giunto il momento che questo esercito «irregolare» composto da assistenti sociali «pieni di entusiasmo» magari anche «simpatici», *accettassero* finalmente di farsi inquadrare «nell'esercito regolare». Si sentivano «pionieri», rivendicavano autonomia ma era ormai l'ora di inserirsi in modo ordinato nel «sistema». Quello che Riccardo Bauer esprimeva era un punto di vista assai interessante.

Riccardo Bauer è soprattutto conosciuto per la sua attività politica e di storico, ma bisogna sottolineare che era egli stesso un protagonista della prima ora del mondo del servizio sociale italiano: solo per fare alcuni

18. *Ibidem*.

esempi significativi al convegno di Tremezzo presiedeva la giornata del 4 ottobre, in qualità di Presidente della sigla UNSAS che raccoglieva le scuole laiche, fu autore di una delle monografie presenti negli atti della commissione parlamentare di inchiesta sulla miseria: G*li errori nell'orientamento professionale come causa di miseria.*

Argomenta Riccardo Bauer:

> Le scuole per assistenti sociali sono nate in Italia dopo il 1945 con proliferazione eccessiva in una condizione di caos. Le stesse esigenze dell'assistenza sociale erano caotiche, per cui le scuole sono state improvvisate, hanno creato un grande impeto e molto spesso anche con risultati positivi, assistenti sociali pieni di entusiasmo e li hanno lanciati allo sbaraglio. Così che si è venuta a formare un'atmosfera secondo la quale l'assistente sociale si sente come un pioniere, si butta ad affrontare determinate situazioni senza alcuna preoccupazione di inserirsi in un sistema di servizi, sentendosi portatore di un compito autonomo. Alla funzione dell'assistente sociale è stato dato un certo carattere Garibaldino, un carattere pioneristico, molto simpatico e anche, direi, utile ma che ha suggerito all'assistente sociale un atteggiamento demiurgico, il quale, col sistemarsi di un ordinato servizio di assistenza sociale appoggiato a una pubblica amministrazione e da esercitarsi come pubblica funzione, necessariamente diventa urtante e crea delle innegabili difficoltà.
> È avvenuto un po' quello che avviene sempre dopo una rivoluzione. L'esercito Garibaldino, chiusa l'avventura unitaria, è stato in parte inserito nell'esercito nazionale ma tale inserimento non è avvenuto senza grandi difficoltà; ci sono stati urti e incomprensioni spesso acerbi. Perché le forze spontanee, le forze generate in un momento di caos, difficilmente si inquadrano in un ordinamento più rigoroso che invece si impone come fondamentale servizio.
> Non diversamente è avvenuto dopo la guerra nel campo dell'assistenza sociale.
> Ora noi dobbiamo raggiungere la meta di una sistematica preparazione della assistente sociale in vista del suo inserimento organico in un operante servizio. L'assistente sociale non ha se non per eccezione una funzione pioneristica, non ha se non per eccezione funzione anticipatrice, bensì esecutiva nel quadro di un servizio pubblico.
> Le scuole, secondo me, non sono orientate in questo senso; d'altra parte oggi soffrono ancora della smodata ambizione con la quale sono sorte.
> La prova è che non si riesce a definire esattamente quello che può essere il grado e la funzione della scuola. Si oscilla tra un ordine di studio universitario e quello di una scuola parauniversitaria o di una scuola media.[19]

19. Ivi, pp. 61-62.

Si è voluto riportare per esteso il punto di vista di Riccardo Bauer, che si colloca negli anni '60, più vicini quindi agli anni presi in esami da questo studio e aiuta a posizionare l'una di fronte all'altra le esigenze non sovrapponibili anzi in alcuni periodi storici addirittura confliggenti tra mandato istituzionale e mandato sociale, ma soprattutto chiarisce la posizione assai scomoda che gli assistenti sociali hanno avuto fin dai loro primi passi: porsi come soldati dell'«esercito regolare» – secondo l'espressione di Bauer – appartenenti ad una organizzazione e ad un sistema burocratico, ovvero soggetti afflitti da «una smodata ambizione», sempre secondo l'espressione di Riccardo Bauer, cioè dotati di autonomia, portatori di valori e promotori di cambiamento. Questa dicotomia ha accompagnato gli assistenti sociali fin dai primi passi della loro storia ed è innegabile che sia ancora oggi questo il tema centrale della riflessione della comunità professionale e della sua identità: il ruolo e la responsabilità degli assistenti sociali nella promozione del cambiamento e del benessere sociale.

Maria Stefani

Postfazione

Un gruppo di assistenti sociali della prima generazione, 25 anni fa, ha fondato la Società di Storia del Servizio sociale (Sostoss). L'obbiettivo era evitare che andasse dispersa l'esperienza del secondo dopoguerra, fase fondativa del servizio sociale italiano con la nascita delle nuove scuole per assistenti sociali e le esperienze degli enti assistenziali nazionali soppressi del DPR 616/77. Grazie all'impegno dei soci fondatori e di altri collaboratori, la Sostoss ha potuto salvare dal macero archivi di enti e di persone che hanno contribuito alla evoluzione del servizio sociale in Italia.

Inizialmente il Fondo Sostoss è stata ospitata dal Censis, per l'amicizia e la vicinanza al mondo del servizio sociale del Presidente Prof. Giuseppe De Rita, successivamente il materiale è stato trasferito presso l'Istituto Sturzo, dove, in parte, è stato catalogato ed infine definitivamente è stato collocato presso l'Archivio Centrale dello Stato, ed è accessibile agli studiosi. La Sostoss continua ad essere impegnata a raccogliere documenti e a costruire una rete di organizzazioni ed istituzioni che conservano materiale relativo al servizio sociale. Inoltre continua a produrre biografie e schede biografiche di personalità che hanno contribuito all'affermazione del servizio sociale in Italia.

È pertanto, attualmente possibile ricostruire la storia del servizio sociale italiano utilizzando documenti originali. Una storia breve, quasi insignificante, rispetto alla storia millenaria di altre scienze che studiano l'uomo, quali medicina, giurisprudenza, filosofia ed altre. Anche l'assistenza ha una storia millenaria, ma non costituisce la radice del servizio sociale in quanto l'assistenza, salvo qualche eccezione significativa, aiutava il povero, ma spesso ne consolidava una situazione di dipendenza, e non interveniva sulle cause del disagio.

L'impegno sistematico di Rita Cutini nella di ricostruzione della fase iniziale del servizio sociale nel secondo dopoguerra è meritorio perché contribuisce alla identità professionale degli assistenti sociali, evita che si dimentichino esperienze significative e determinanti per la evoluzione della professione. È una storia di nicchia che ha anche una valenza più ampia, perché fa conoscere una bella pagina di storia di questo Paese e dà voce a quanti non l'hanno mai avuta.

Servizio sociale e assistenti sociali sono termini che in Italia erano stati usati anche nei primi decenni del secolo scorso, già nel 1928 una delegazione italiana aveva partecipato al convegno di Parigi, dove sono state poste le basi delle organizzazioni internazionali degli assistenti sociali.

Ma quella di allora, era un'attività circoscritta ad interventi di aiuto agli operai nelle fabbriche, prevalentemente diretti a semplificare il disbrigo di pratiche previdenziali ed aumentare la produttività dei dipendenti. "Le signorine delle pratiche o dei documenti", come venivano chiamate le prime assistenti sociali erano state formate dalla scuola superiore fascista aperta a Roma nel convento di San Gregorio al Celio. Aveva durata annuale, era scuola convitto per donne nubili laureate. Rispondeva ad una esigenza manifestata dalla Unione industriali di Milano. La maggior parte di tali assistenti sociali ha continuato a lavorare utilmente anche nella nuova situazione del dopoguerra; alcune hanno assunto anche ruoli di responsabilità nelle nuove scuole e nelle istituzioni, sono da ricordare Margherita Grossmann, Rosetta Stasi, Paolina Tarugi, Serena Villani Rimassa, Silvia Albi che però poi ha frequentato anche il CEPAS. Ritengo che ciò sia avvenuto perché, nonostante una formazione di base poco approfondita, l'esperienza di lavoro in prossimità di situazioni di disagio ed una seria motivazione abbiano compensato le carenze iniziali e hanno reso possibile adottare nuove modalità di lavoro maggiormente emancipatorio.

Pertanto, il servizio sociale, come attualmente lo conosciamo, inizia con il mitico convegno di Tremezzo del 1946, che rimane una esperienza unica nella storia sociale del Paese, per la durata e per la partecipazione molto qualificata, in un periodo storico (quello dell'immediato dopoguerra) che segnò un cambiamento radicale nel nostro assetto sociale, della nostra stessa cultura, del nostro modo di collocarci nel mondo, superando la fase autarchica e aprendoci verso gli altri paesi occidentali.

La storia della formazione delle assistenti sociali, inizialmente solo donne, è forse l'aspetto più originale della storia del servizio sociale italiano: per i contenuti, la metodologia didattica, il collegamento con il mondo del lavoro.

Le nuove scuole per assistenti sociali nascono molto rapidamente in varie città del Paese, inizialmente a Milano, poi a Roma e via via in molte regioni, più al nord che al sud, come tutto lo sviluppo culturale e imprenditoriale dell'Italia. L'iniziativa della istituzione di sedi di formazione avviene da parte di persone diverse per formazione culturale, una generazione che aveva patito i disagi della guerra e molti dei quali avevano preso parte attiva alla Resistenza; i promotori delle scuole erano di impostazione laica o cattolica, ma tutti volevano contribuire alla ricostruzione anche morale dell'Italia e hanno individuato negli assistenti sociali gli operatori capaci di dare un contributo a questo obbiettivo. L'assistente sociale era pensato come operatore dell'aiuto alle persone in disagio, ma con l'obbiettivo di superare la situazione, risalendo alle cause e per facilitarne il reinserimento nella società, per garantire il rispetto della dignità di ciascuno.

Attorno ai fondatori/trici, che spesso erano anche i primi direttori/trici si sono formano gruppi di docenti che concorrevano insieme a formare il nuovo operatore, c'era un progetto comune. Nelle scuole gli allievi verificavano e sperimentavano l'integrazione tra le diverse materie, erano sollecitati ad una partecipazione anche critica, rare erano le docenze esclusivamente ex cathedra, gli studenti erano invitati ad approfondire autonomamente temi sociali anche prima dell'inserimento della ricerca sociale tra le discipline curriculari, che avverrà, insieme all'amministrazione dei servizi sociali, negli anni Sessanta.

Oltre alla metodologia attiva seguita dagli insegnanti un altro elemento nuovo nell'esperienza formativa di allora era il tirocinio, gli allievi venivano inseriti in situazioni lavorative nelle quali operavano assistenti sociali e ne seguivano l'attività e gradatamente iniziavano a collaborare. Quando, come avveniva spesso, non erano disponibili sedi di tirocinio, le scuole stesse promuovevano l'inserimento di allievi nelle organizzazioni socio-assistenziali e li affiancavano per dimostrare l'utilità dell'intervento e per promuovere l'istituzione del servizio. Attraverso i tirocini e le sperimentazioni le scuole erano continuamente a contatto con il mondo del lavoro con il quale lo scambio era continuo per l'aggiornamento dei programmi didattici da una parte, per il miglioramento dei servizi dall'altra.

L'impegno nel tirocinio per gli allievi era pari quello nell'apprendimento teorico, una valutazione negativa del tirocinio escludeva l'allievo dal proseguimento degli studi. Con qualche eccezione per i corsi serali per lavoratori, effettuati a Milano per qualche anno, la frequenza alle lezioni era obbligatoria.

Le scuole di servizio sociale fino agli anni Settanta sono le uniche sedi dove, in Italia, si studia sociologia, antropologia culturale, una psicologia non medica, costituiscono delle palestre di formazione per cultori di quella materie che solo successivamente avranno uno spazio nell'accademia, inoltre le scuole per assistenti sociali sono sempre state attente all'ambito internazionale, con scambi tra esperti e docenti e con partecipazione ad eventi. I curricula formativi prevedono anche discipline giuridiche, sanitarie, psicologiche grande spazio hanno le materie professionale: case work, group work, community organization importate prevalentemente dalla tradizione anglosassone. Infatti, fino agli anni Settanta nelle scuole di servizio sociale si studiava su testi tradotti dall'inglese, nei quali, ovviamente, la casistica riportata faceva riferimento ad un'altra cultura. Ma l'impegno a rielaborare l'esperienza, anche attraverso la supervisione degli allievi e degli assistenti sociali nel lavoro, nella logica del principio prassi-teoria-prassi integrava la formazione ed ha costituito la base per la successiva produzione di materiale didattico originale italiano.

L'Amministrazione per le attività italiane ed Internazionali ha avuto un ruolo importante nella diffusione delle scuole, sostenendole finanziariamente, organizzando la presenza in Italia di esperti stranieri oltre seminari di formazione per i docenti. L'Aai, per l'ammissione agli aiuti, operava una selezione delle scuole che dovevano rispondere a determinati requisiti di efficienze e di livello culturale delle docenze. Il programma di assistenza tecnica alle scuole era gestito democraticamente dai funzionari Aai e dal Comitato dei direttori, che rappresentava le scuole.

Nella scelta, fatta nel volume da Rita Cutini, di approfondire l'origine e lo sviluppo di due scuole in qualche modo emblematiche di orientamenti ideologici diversi, certamente ha influito anche l'elemento biografico; il Cepas promosso dai coniugi Calogero di orientamento laico è la scuola che Rita Cutini ha frequentato e la scuola per religiose promossa dalla gerarchia ecclesiastica ha dato origine al corso di laurea della Lumsa dove Rita Cutini insegna da vari anni.

La storia del servizio sociale italiano è stata attraversata, nel tempo, da vari dilemmi e contrapposizioni: lavoro individuale – lavoro nella comunità; gestione pubblica – gestione privata; operatore di base – operatore specializzato; agente di cambiamento – operatore delle istituzioni, ecc. Alcuni sono stati superati nel tempo.

Ma credo che il dilemma evocato a Tremezzo tra l'utopia del Ministro Sereni e la istituzionalizzazione auspicata da Riccardo Bauer, sia ancora attuale, anzi costituisca proprio la cifra identitaria del servizio sociale, l'assistente sociale lavora inserito nelle istituzioni, e non può essere altrimenti, ma deve rimanere attore di cambiamento per contribuire a costruire una società inclusiva e rispettosa della dignità di ciascuno, dando un contributo a rimuoverne gli ostacoli.

La storia degli ultimi secoli, nei quali alla crescita economica, alla crescita delle nostre disponibilità materiali e culturali, si è accompagnato anche un miglioramento etico, dei diritti e delle libertà, attualmente pare rallentata. Come cittadini e come operatori abbiamo il dovere di vigilare, e la riflessione sulla storia della professione ci può essere di aiuto.

Indice dei nomi

Finito di stampare
nel mese di marzo 2018
dalla Arti Grafiche CDC s.r.l.
Città di Castello (PG)